老城镇志

LOCAL RECORDS OF LAOCHENG

海南省澄迈县老城镇志编纂委员会　编

图书在版编目（CIP）数据

老城镇志 / 海南省澄迈县老城镇志编纂委员会编
.-- 北京：方志出版社，2019.12
（中国名镇志丛书）
ISBN 978-7-5144-3574-0

Ⅰ.①老… Ⅱ.①海… Ⅲ.①乡镇—地方志—澄迈县
Ⅳ.① K296.65

中国版本图书馆 CIP 数据核字（2019）第 251046 号

·中国名镇志丛书·

老城镇志

编　　者：海南省澄迈县老城镇志编纂委员会
责任编辑：高孟君

出 版 者：方志出版社
地址　北京市朝阳区潘家园东里 9 号（国家方志馆 4 层）
邮编　100021
网址　http://www.fzph.org
发　　行：方志出版社图书经销中心
电话　（010）67110500
经　　销：各地新华书店
排　　版：北京纺印图文设计制作有限公司
印　　刷：北京中科印刷有限公司

开　　本：787 × 1092　　1/16
印　　张：17.5
字　　数：324 千字
版　　次：2019 年 12 月第 1 版　　2019 年 12 月第 1 次印刷

ISBN 978-7-5144-3574-0　　**定价**：139.00 元

序一

习近平总书记指出："不忘历史才能开辟未来，善于继承才能善于创新……只有坚持从历史走向未来，从延续民族文化血脉中开拓前进，我们才能做好今天的事业。"中国优秀传统文化是在漫长的历史长河中历经无数次涤荡和沉淀而形成的思想精髓，蕴藏着无穷的宝藏和无尽的力量。发掘和继承优秀传统文化，是延续中华文明"根"与"魂"的必由之路。与时俱进，推动传统文化不断开拓创新，是中华文明常葆勃勃生机的重要保证。

"国有史，邑有志。"编修地方志是中国特有的文化现象，是中华民族的优秀文化传统。数千年来，连绵不断的志书编修为保护中华民族根脉，传承中华文明发挥了不可替代的作用。中国现存古志有 8000 余种，占现存古籍的十分之一。中华人民共和国成立以来，编修完成数万种省、市、县三级综合性行政区域志、部门志、行业志、专志等，编纂数万种地方综合年鉴、行业年鉴和专门年鉴等，整理出版数千种历代方志及相关研究成果，发表相当数量的方志理论与年鉴理论研究成果。这既是对我国国情、地情持续开展的大规模普遍调查，也是对各地自然与社会发展状况进行的综合研究，其成果构成了一座丰富的文化资源宝藏，为各级领导科学决策提供了重要参考，为推动经济社会发展和文化建设发挥了重要作用。

当前，中国特色社会主义进入新时代，全国地方志事业也进入新时代。如今的地方志事业围绕党和国家利益、经济社会发展，以人民为中心开拓创新，志、鉴、馆、史"四驾马车"并驾齐驱，志、鉴、馆、网、库、用、会、刊、研、史"十业并举"，加快实现在全国范围内全面推进地方志从一项工作向一项事业转型升级。在党中央、国务院的亲切关怀和各级地方志工作者的共同努力下，一批紧密结合社会发展需求、具有独特创造性的工作逐步开展，涵盖中国名镇志、中国名村志、中国名山志、中国名水志、中国名街志等"名志"系列文化工程是其中代表。作为首个"名志"系列文化工程的中国名镇志文化工程，启动于 2015 年，至今已是第三个年头。中国名镇志丛书在记述主体上，选择中国历史文化名镇、经济强镇、特色镇等在全国具有影响力和代表性的乡镇，旨在全面展示中国名镇的文化精髓；在内容题材选择上，重在突出不同名镇的“名”和“特”，力求集中体现不同名镇最精彩的部分，增强可读性；在志书编纂程序设置方面，志书申报、篇目设计、专家审读、专家组验收等流程环环相扣，紧密结合，力争把每一部志书都打造成精品佳志。

习近平总书记指出：“历史和现实都表明，一个抛弃了或者背叛了自己历史文化的民族，不仅不可能发展起来，而且很可能上演一场历史悲剧。”2018 年是改革开放 40 周年，40 年来中华大地发生了翻天覆地的变化，乡镇发生了极为深刻的改变，从粗茶淡饭到有机食品，从粗布衣裙到精美时装，从土屋平房到高楼大厦，人民生活水平大大提高，城乡差距不断缩小。然而，在感受辉煌成就的同时，我们也应该看到，许多精巧的古建、精湛的工艺、亲切的乡音、独特的乡俗也在快节奏的发展中与我们渐行渐远，曾经的家乡正逐渐变为记忆中的故园。

党的十九大报告提出乡村振兴战略，此后党中央、国务院又推出一系列重大举措。实施乡村振兴战略，必须全面加强乡村文化建设，培养乡村文化自信，培植文化之“根”，铸牢文化之“魂”。没有乡村文化的高度自信，没有乡村文化的繁荣发展，就难以实现乡村振兴的伟大使命。振兴乡村文化，既要塑形，更要铸魂，必须遵循乡村发展的客观规律，在发展中把文化的精髓保留下来，把乡土味道、乡村风貌的“魂”传承下去。在保留优秀乡村文化内核的基础上，用现代表现方式，把反映时代精神、先进理念的内容通过群众喜闻乐见的文化产品表达出来，才能够让乡土文化具有更强大的生命力。用创新性的模式书写乡镇志，传承和抢救乡土历史文化，激发爱国爱乡情怀，为探索中国特色新型城镇化发展经验、发展模式、发展道路提供历史智慧和现实借鉴，正是实施中国名镇志文化工程的目的和意义所在。

“月是故乡明”。中国人素有“家国情怀”，家乡的山水是最为美丽的，家乡的风俗是充满温暖的，一声亲切的乡音，一口熟悉的家乡菜，都能拨动游子的心弦，让其魂牵梦萦。中国名镇志丛书是一套全面梳理中国名镇历史人文，挖掘文化特色，突出“名”和“特”的镇志。它能让人民群众深刻感受到本土本乡自然的优美、历史的醇厚、人物的杰出、艺文的风雅等，有助于培养人民群众对家乡文化的自信，激发起人民群众浓烈的爱乡爱国情怀，助力国家新型城镇化建设和乡村振兴战略的实施。

是为序。

中国社会科学院院长
中国地方志指导小组组长　　谢伏瞻

序二

连绵不断地编修地方志是我国特有的文化传统，为传承中华文明作出了巨大的贡献。在党中央、国务院的高度重视和支持下，这一古老的文化传统焕发勃勃生机，展现新的活力，成为保存、继承、发扬光大中华优秀传统文化的重要依托，培育和践行社会主义核心价值观的重要媒介，社会主义先进文化建设的重要组成部分，发展中国特色社会主义，增强道路自信、制度自信、理论自信的重要载体，在实现“两个一百年”奋斗目标和中华民族伟大复兴中国梦进程中具有不可替代的地位和作用。

事物总是在不断发展中前进。经过改革开放以来30余年的发展，中国特色地方志事业与传统的编修地方志已不可同日而语，形成了志（志书）、鉴（年鉴）、库（地情数据库）、馆（方志馆）、网（地情网站）、刊（期刊）、会（学会）、研（理论研究）、用（开发利用）等多业并举的新格局。截至2015年10月底，全国编纂完成首轮、二轮省、市、县志书8000多种，编修部门志、行业志、专业志、乡镇村志27000多种，编纂地方综合年鉴2300多种，累计整理旧志2500多种，还编纂出版了大量的地情书，字数以百亿计，形成以反映国情、地情为主要内容，全面系统、持续不断、卷帙浩繁的社会科学成果群。另外，还开通了27个省级网站、230个市级网站、816个县级网站；建成国家方志馆1个、省级方志馆16个、市级方志馆86个、县级方志馆近300个。这些成果，成为国家极为重要的文化资源，是国家文化软实力和公共文化服务体系的重要组成部分。

最近几年，地方志工作的触角在不断延伸，部门志、行业志、专业志、特色志、乡镇村志编纂方兴未艾，成为当前地方志事业发展新的增长点和亮点。特别是乡镇志，兴起了编纂热潮，从自发的民间行为逐渐过渡为政府组织的文化行为，有的省份以政府令形式将其纳入地方志编修范畴，像河南省还以省政府办公厅名义要求全省普修乡镇志。乡镇志并不是一个新生事物，据现有资料可考，宋代常棠所撰《澉水志》是现存最早的一部乡镇志。与省、市、县三级志书相比，乡镇志虽属小志，但意义却不小，特别是在当前国家全力推进新型城镇化建设的背景下，乡镇志的作用更显重要。

启动中国名镇志文化工程，是适应当前新型城镇化建设形势发展需要、地方志事业发展形势需要的重要举措，也是充分发挥地方志存史、资政、育人功能的重要手段。作为最基层行政组织的志书，镇志是最接近中国社会发展变迁的国情、地情记录文本，具有重要的历史文献价值。而作为充分反映本区域自然、政治、经济、文化和社会的历史与现状的资料性文献，镇志又能全面展示发展脉络，摸索发展经验，为探索中国乡镇未来发展方向提供借鉴和参考。当然，对于祖祖辈辈生于斯长于斯的中国人来说，故乡就是一个魂牵梦萦的地方，故乡的情怀终生难忘。留得住乡愁，记得住乡思，充分展示名镇文化魅力，激发爱乡、爱国情怀，正是中国名镇志文化工程题中应有之义。

是为序。

中国社会科学院原院长
中国地方志指导小组原组长 王伟光

序三

“国有史，邑有志”，中国自古就有注重编史修志的传统。按照我国目前地方志行政法规，国家各级地方志机构的法定职责是编纂省、市、县三级志书，并不包括县以下的乡镇志和村志。这种规定，一方面可能因为全国有数百万自然村落和数万乡镇，全部实行官修很难实现；另一方面可能因为我国历史上就有“皇权止于县”的说法，县以下的民间社会历来是一个以自治为主的领域。然而，改革开放几十年来，我国社会正在发生巨变，这种巨变在基层社会的乡镇、村落、家庭领域更为深刻。作为“乡之首，城之尾”的镇，逐渐被日益崛起的大都市淹没了光彩，村落在快速的城镇化过程中每天都在大量消失，农村家庭的小型化、空巢化趋势非常突出。在这种情况下，我一直在思考，如何留得住历史文化记忆和乡愁，如何把修志的工作向基层社会延伸？

中国人的“家国情怀”，是从“诚意、正心、修身”开始，到实现“齐家、治国、平天下”。所以从国家一统志，省、市、县三级志，到乡镇志、村志、家谱，也是一个完整的系统。

正是在这种背景下，我们决定启动中国名镇志文化工程。乡镇是无数中国人生命的底色和成长的摇篮。如何在城镇化进程中，留得住乡愁，记得住乡音，忘不了乡思，事关城镇化进程的人文关怀和文化保护，事关文化血脉的传承。同时，科学记录城镇化进程，反映城镇化成就，也为今后探索城镇化发展规律、积累经验提供了基本素材。作为全面系统记述一定行政区域的自然、政治、经济、文化和社会的资料性文献，志书是以上功能最好的载体。

我国目前有 4 万多个乡镇，全部修乡镇志还不具备条件。中国名镇志丛书选择的是传统文化名镇、历史军事重镇、革命历史名镇、民族特色名镇、特色经济名镇、旅游景观名镇等类型的乡镇，应该是最具代表性的，在中国乡镇文化传承和社会发展中具有标杆意义。

编纂中国名镇志丛书是对乡土历史文化的保护。随着城镇化进程加快，有不少乡镇被撤并，有些还是在历史上有重要意义的历史文化名镇、特色镇等。如不及时对其历史进行整理、记录，这些重要的历史资料将散佚殆尽。因此，中国名镇志丛书的编纂是对宝贵历史资料的抢救。

编纂中国名镇志丛书是对乡土意识的传承。什么东西有魅力？故乡的山水，乡音乡情的记忆，乡土的气息和家乡菜的味道，不管走到哪里，总是触动心弦。中国名镇志丛书记录的是家乡的山山水水，家乡的历史文化，家乡的风土人情，留住的是乡愁。这些最能激发远方游子和本地民众的爱乡情怀、爱国情怀。

编纂中国名镇志丛书是一种学术探索。镇志的编纂，实质也是一次深入的社会调查研究。"麻雀虽小五脏俱全"，相比省、市、县，乡镇第一手资料的获得需要付出更大的努力。我们也希望在志书编纂上有所创新，使中国名镇志丛书成为一套图文并茂、雅俗共赏的新型志书。

中国社会科学院原副院长
中国地方志指导小组原常务副组长

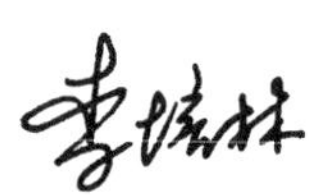

海南省澄迈县老城镇志编纂委员会

顾　　问　王扬俊　吴烈修

主　　任　陈家壮　曾祥安　孔庆福

副 主 任　王　尧　曾繁河　陈树标

委　　员（按姓氏笔画排序）

王盛照　王邦照　王月旺　刘其王　吴孙兆

李道钊　姜维民　薛良忠　曾德大

技术指导　陈泽泓

海南省澄迈县老城镇志编辑部

主　　编　吴孙兆

副 主 编　王邦照　王月旺

编　　辑（按姓氏笔画排序）

王盛照　孙中积　李道钊　林芳文　林明义

曾德大　曾小玲　曾令贵　颜江燕　黎少帆

摄　　影　曾令贵　曾　扬

图照提供　王健全　陈光安　蒙传雄　马传忠

部分企业提供该单位的照片

海湾大桥两岸

中国名镇志丛书凡例

一、以马克思列宁主义、毛泽东思想、邓小平理论、“三个代表”重要思想、科学发展观、习近平新时代中国特色社会主义思想为指导，坚持辩证唯物主义和历史唯物主义的立场、观点和方法，存真求实，全面、客观、系统记述中国名镇城镇化进程和改革开放成果，传承和抢救乡土历史文化，激发爱国爱乡情怀，留住乡愁，为探索中国特色新型城镇化建设、服务乡村振兴战略提供历史智慧和现实借鉴。

二、为全面反映入志事物发展脉络，各志上限追溯至事物发端，下限一般断至各镇志启动编修年份，个别重大事项可延至搁笔。详今明古，着重反映时代特色和地方特点，重点体现各镇的“名”与“特”。

三、记述地域范围以下限年份的行政辖区为主。为体现名镇在更大区域内的意义，可以从更开阔的区域视野记述与该镇相关的内容。

四、统一采用纲目体，设类目、分目、条目三个层次。横排门类，纵述史实，述而不论。

五、综合运用述、记、志、传、图、表、录等各种体裁，以志体为主。体裁运用适当创新，篇目设置不求面面俱到，一般意义上的乡镇级内容略去不载。

六、除引用文字和附录文献资料外，统一使用规范的现代语体文记述，行文力求朴实、严谨、简洁、流畅、优美，具有较强可读性。

七、人物部类遵循“生不立传”原则，人物传主按生年排序，只选录对本镇发展有重大影响的人物，不面面俱到。

八、各项数据一般采用国家统计部门数据。数据缺乏的，采用主管部门或主办单位正式提供的数据。

九、数字用法、标点符号、计量单位分别执行国家标准《出版物上数字用法》（GB/T 15835—2011）、《标点符号用法》（GB/T 15834—2011）、《国际单位制及其应用》（GB 3100—1993）和《有关量、单位、符号的一般原则》（GB 3101—1993）。历史上使用的计量单位，如斗、石、里、尺、磅、华氏度等，在引文时可照录。考虑到社会使用习惯，全书中亩不统一换算。

十、中华民国成立前的纪年，使用朝代年号纪年，括注公元年份；中华民国成立后的纪年，均使用公元纪年。志中所称“解放前（后）”，以该镇解放日为界；“新中国成立前（后）”，以中华人民共和国成立日 1949 年 10 月 1 日为界；“改革开放前（后）”，以 1978 年 12 月中共十一届三中全会召开为界。本志“×× 年代”，凡未加世纪者，均指 20 世纪。

十一、为节省篇幅，避免重复，本志采用条目互见法。参见条目的表示形式为：参见本志“×× 类目 · ×× 分目 · ×× 条目”。

十二、对旧志、古籍中的繁体字、冷僻字一般用简化字或通用字替换，易引起误解的则保留。

十三、记述各个历史时期的党派、机构、职务、地名等，均以当时的名称为准。对频繁使用的名称，首次用全称并括注简称，其后用简称。

十四、各镇志需要单独说明的事项，均在各自编纂始末中记述。

老城镇在中国的位置

黑龙江省
哈尔滨
吉林省
长春
沈阳
辽宁省
内蒙古自治区
呼和浩特
北京
北京市
天津市
天津
河北省
石家庄
太原
山西省
济南
山东省
渤海
黄海
东海
南海
黄河
长江
新疆维吾尔自治区
乌鲁木齐
甘肃省
银川
宁夏回族自治区
西宁
青海省
兰州
陕西省
西安
郑州
河南省
江苏省
南京
上海
上海市
安徽省
合肥
杭州
浙江省
西藏自治区
拉萨
四川省
成都
重庆市
重庆
湖北省
武汉
长沙
湖南省
南昌
江西省
福州
福建省
钓鱼岛
赤尾屿
台北
台湾省
台湾岛
贵阳
贵州省
昆明
云南省
广西壮族自治区
南宁
广东省
广州
香港
澳门
东沙群岛
澄迈
老城镇
海口
海南省
海南岛
西沙群岛
永兴岛
中沙群岛
黄岩岛
南沙群岛
曾母暗沙
图例
北京 首都
天津 省级行政中心
未定 国界
省、自治区、直辖市界
特别行政区界
名镇所在县
名镇
1：32 000 000
审图号：GS（2019）5631号

老城镇在海南省的位置

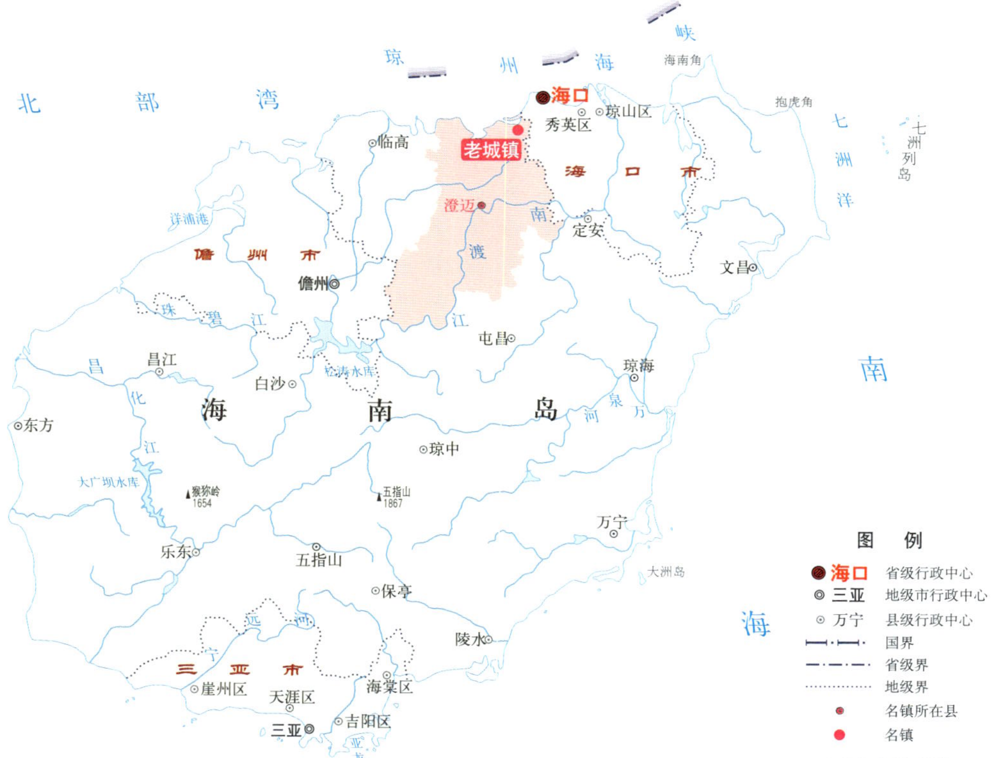

图 例

符号	说明
海口	省级行政中心
三亚	地级市行政中心
万宁	县级行政中心
	国界
	省级界
	地级界
	名镇所在县
	名镇

1：2 360 000

审图号：GS（2019）5631 号

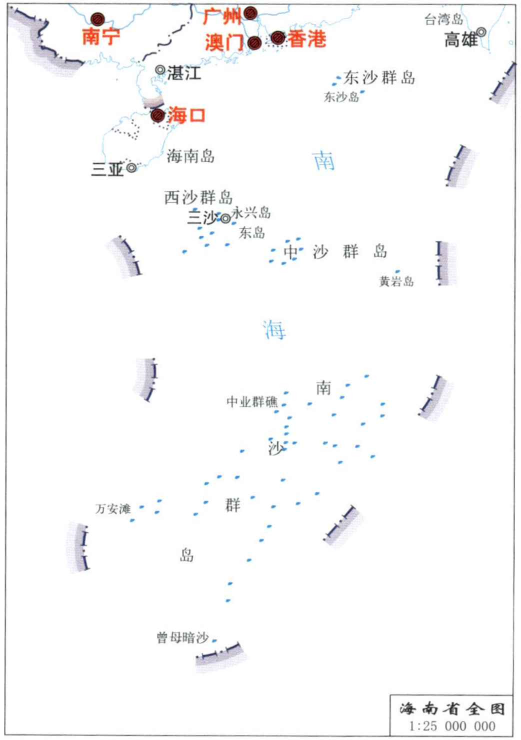

海南省全图
1:25 000 000

老城镇地图

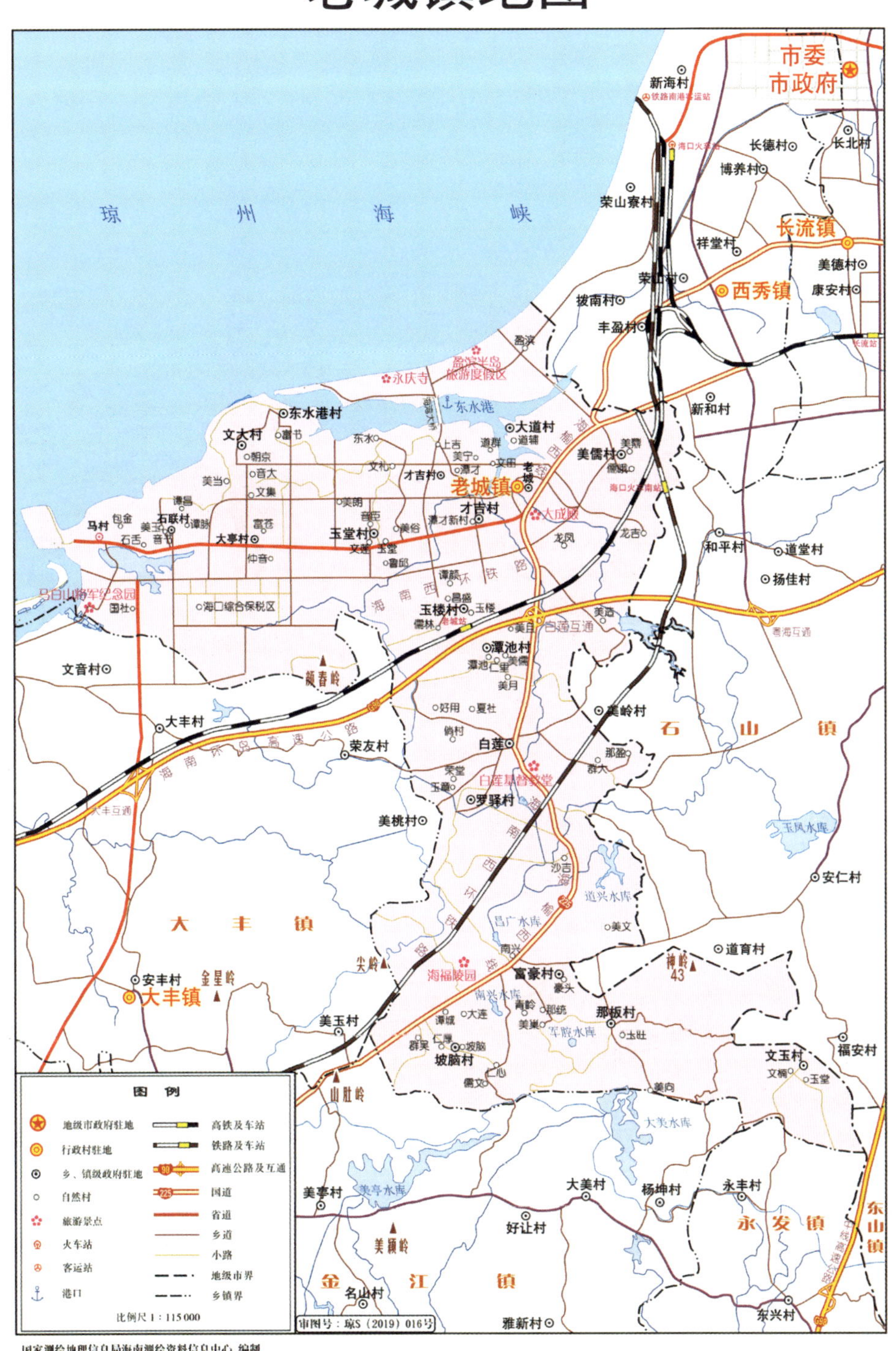

国家测绘地理信息局海南测绘资料信息中心 编制

老城镇城区新貌（2015 年）

始建于宋代的老城文庙（2015 年）

老城火山石古民居（2014 年）

老城火山石古民居小巷（2014 年）

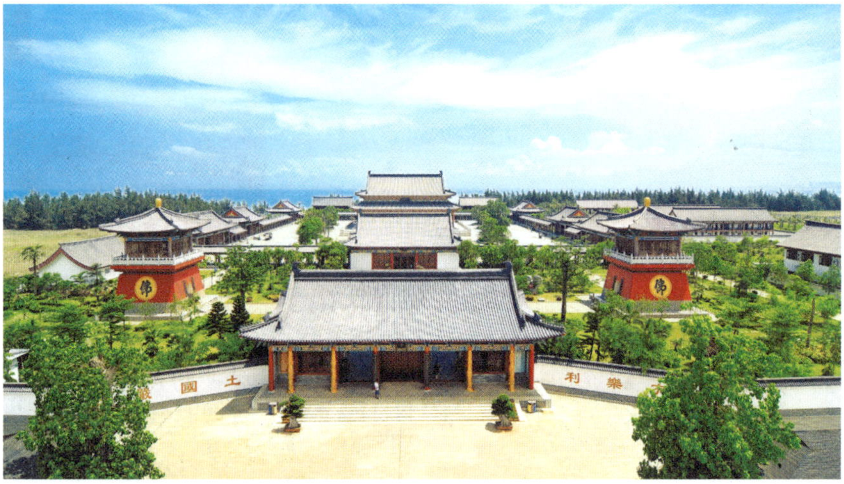

2009 年重建开光的宋代名刹永庆寺（2011 年）

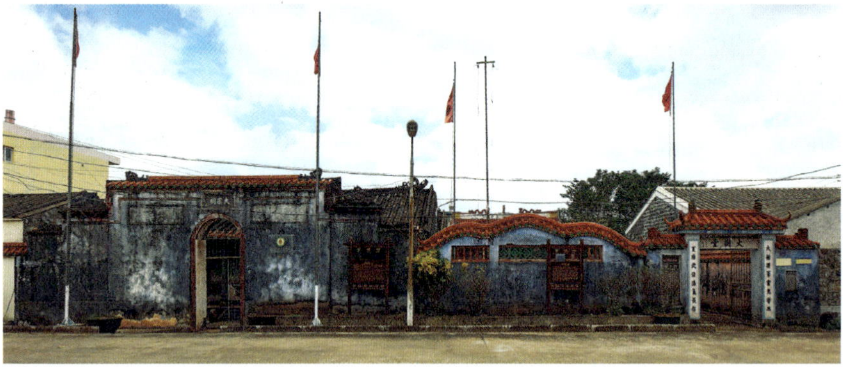

石礶村冯氏大宗祠（2018 年）

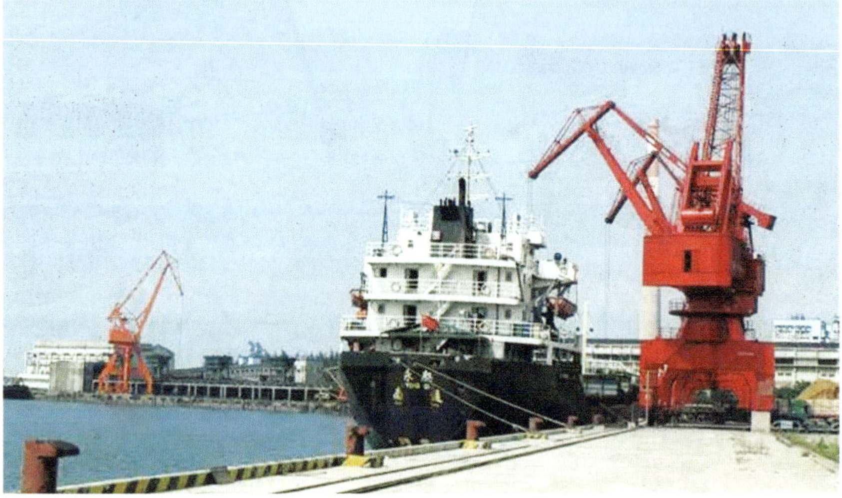

马村港区（2012 年）

老城一瞥（2015年）

澄江两岸

2013 年老城盈滨半岛举行的龙舟赛现场

老城乡情琼剧团演出（2014 年）

目录

琼州门户　珠崖重镇

老城镇位于海南省澄迈县东北部，东邻省会海口市，西与大丰农场交界，北临琼州海峡、与雷州半岛隔海相望，南与金江、永发两镇接壤。自隋大业三年（607）澄迈立县治于此，至清光绪二十一年（1895）县治迁往金江，老城作为澄迈县城有千余年之久。古代老城能够成为澄迈县治首选之地，是因为它具备区位和人文两大优势：一是山丘大海河流交汇于此，可耕可渔，物产富饶，又是海运的重要口岸，得交通之便利；二是既毗邻郡治，又扼大陆渡海入琼要道，得风气之先。凭借着这些优势，老城发展成为一个人文荟萃的胜地。改革开放以来，老城成为工业发达的海南经济重镇、“一带一路”建设的重要战略节点；老城环境条件优越，也是宜居宜游的长寿之乡。

琼岛门户

海南北部的老城石礓湾是天然良港。西汉元封元年（前110），汉代在海南设置儋耳、珠崖两郡，海南正式归入了中国的版图，石礓湾从此担负起祖国大陆门户的历史使命。据清康熙十一年（1672）《澄迈县志》记载，此港湾“外会海潮，上接西峰、沙地、湳滚、稍阳四水。港口两岸环抱，障海窝风，凡贾人巨舰，湾泊于此”。康熙四十九年（1710）《澄迈县志》记载：“县治通潮门外，北去三里许为大海。东渡半日抵琼山白沙港及文昌铺前；自东北一日可至徐闻麻鞋港，三日至吴川，六七日可通省会（指广州）；又西北三日至钦州、廉州；东南通占城（今越南中南部）；西渡半日，抵临高博浦港；西南二三日可至儋、昌、崖、感等处。”石礓湾水路皆通岛内，老城成了由大陆入琼的一处具有战略意义的重要门户。直到宋代，还是琼岛和大陆来往通商最主要的港口。

从大革命时期到解放战争时期，在中国共产党的领导下，革命武装坚持奋战孤岛23年红旗不倒，老城始终是琼崖革命老区。土地革命时期，老城镇马村人马白山成立中共党支部，担任支部书记，率众投入革命斗争。抗日战争时期，白马山担任琼崖抗日独立队副队长兼任西路总指挥，英勇抗日。1950 年，解放大军即将南下渡海，琼北被驻岛国民党军队严密封锁，中共马村党支部派人前后三次勇敢机智渡过琼州海峡，将情报送到解放军手里，为大军渡海立下功勋。1950 年 3 月 26 日，人民解放军成功登陆玉包港后，在老城风门岭阻击由海口赶来增援美亭的大批国民党军队，战役中 200 余名解放军战士最后仅剩 13 人，但是他们仍死守阵地，在当地民众的配合下取得阻击战的最后胜利，为全面解放海南岛争取了主动权。

中原文化入琼传播第一站

在琼州海峡两岸古代的文化交流中，老城古码头成为中原文化入琼传播前沿并非偶然。在整个琼北海岸线，老城港是天然深水良港，离海峡对岸距离最近，距琼州府郡城不过数十里。老城古渡口因此成为珠崖北部的官港之一，是海南岛跟中原来往的重要通道。中原文化进入海南岛，经过老城这个门户才得以传播。入琼历史名人在老城留下足迹，产生了深远的历史文化影响。

南朝梁大同年间（535—546），冼夫人平定地方动乱，海南儋耳俚人慕名归附，《北史》《隋书》均记载:“海南儋耳归附者千余峒。”这是“海南”这一地名最早出现在中国的史书上。正是得力于冼夫人维护统一的卓绝贡献，海南岛在隋朝版图上得到其应有的地位，并在行政区划的建置上有所开拓。隋大业三年（607）澄迈建县，于老城设县邑，经历 9 个朝代，直至晚清县治迁徙，老城作为澄迈县城近 1300 年。特殊的地理区位使这个千年古镇在中原文化入琼传播过程中发挥了极为重要的历史作用。

早期的琼岛是官员南贬之地，过客文化成为海南文化一个特殊的组成部分。据学者统计，过客中尚书以上的高官多达 50 人，其中职位在宰相和参知政事以上的重臣有 21 人，不乏文化名人。南来贬官大多数是在老城古码头上岸后，先赴琼州府郡报到，然后才转赴岛内各自的贬谪地。唐宋时期是中原文化传入海南的重要时期，过往经老城的文化名人众多。唐天宝年间（742—756），鉴真和尚第五次东渡日本遇险，在海上漂泊流落至海南岛。得到振州别驾冯崇绩的接待。一年后冯崇绩还派兵护送鉴真到澄迈，由县令护送从老城古码头出海，北上扬州。北宋绍圣四年（1097），苏轼贬谪儋耳，携子苏过从雷州递角港扬帆渡海，在老城古码头登陆。在海南文化史上，苏轼入琼是一个重大事件，影响极为深远。三年以后，苏轼获赦北归，再次到老城准备乘船离琼，驻留在通潮阁。通潮阁是设置在老城古渡口接待来往官员的驿站，苏轼为澄迈驿通潮阁赋诗二首，表达其欣喜愉悦之情。苏轼入琼前有唐朝宰相韩瑗、韦执宜、李德裕，王义方、杨炎等名人，后有南宋抗金英雄李光、李纲、赵鼎、胡铨等名人，据传也都是由老城澄迈驿登岛。得此契机，曾经的老城率先得到了沐浴中原文化的生机，焕发出一派人文蓬勃的景象。南宋诗人、道教一代宗师白玉蟾童年居于老城，深得老城人文之精气。

老城镇崇文重教，千年不衰。仅北宋至明末的 600 多年间，老城培养有户部员外郎 1 名，州官 13 名，知县、县丞 108 名，教谕（训导）99 名，主簿 119 名。南宋时期老城建有澄迈学宫，历经宋、元、明、清数代，不断修葺扩建，逐渐扩展成一处巍峨壮观、庄严肃穆的建筑群，后世称为老城文庙。明代建有秀峰书院、天池书院，清代建有澄江书院。

助力海南经济振兴的港城

中华人民共和国成立以前，老城是一座传统的手工业城镇，人们仅靠砍伐、烧炭、狩猎、捕鱼、野生药材采集加工及油料加工维持生计。中华人民共和国成立以后，老城工业初见端倪，发展了农具修造业和粮食和甘蔗加工业。

1988 年海南建省以后，在老城建立全省第一个县级经济开发区。2006 年，老城经济开发区升格为省级经济开发区。改革开放数十年来，老城以史无前例的胆魄与勇气，告别渔歌牧曲的小农生活，实现凤凰涅槃式蜕变，成为海南的工业重镇，现代工业发展势头迅猛。

至2018年年底，入驻老城经济开发区的企业有3339家。形成了集煤电技术、太阳能、生物质能、石油、天然气加工的能源和石油化工产业；集特种玻璃、特种钢材、无纺技术、光电倍增技术、磨粉水泥加工的新型材料与建材产业；集水产农产、火山岩矿泉水、饮料酒类、生物制药的食品药品加工产业；集信息技术、网络、软件开发的新兴IT产业以及橡胶产品深加工业、港口工业，建成国家级5个综合保税区之一的海口综合保税区、冷冻仓储等工业产业园区。老城镇有马村电厂、中电新能源环保电厂、海南汉能光伏厂、海南中海油气有限公司、海南国盛石油、被科技部认定为海南“国家科技企业孵化器”的海南生态软件园、吸引世界知名IT企业的海南生态智慧新城等等，现代化厂房鳞次栉比，老城镇呈现出一片蓬勃发展的新景象。接轨于现代工业发展，老城成为一个拥有大海洋意识、融入“一带一路”发展、努力实现中国梦的海洋大镇。在这里，往昔只有令苏轼忧愁而来惆怅而去的古码头，现今已兴建有6个大码头，拥有年吞吐能力817万吨的海南最大码头群，是国家一类口岸。其中马村港是海口“三港合一”中心港区、全国25个枢纽港之一。除船运外，老城的海洋产业也十分发达，海水养殖名目繁多，有网箱养殖、对虾养殖、江蓠养殖、牡蛎养殖、混合养殖等。老城的海产品加工厂提供无病害、无污染的高品质产品，常年出口欧美，十分畅销。

2018年，中央决定海南全岛建设自贸区自贸港，琼岛迎来了发展的新机遇。依仗特有的地理、经济、人文优势，老城将为海南的腾飞做出新的贡献！

旅游宜居的世界长寿之乡

老城镇有着良好的自然和社会环境，是一个适宜居住和旅游的好去处。2012年，澄迈县被评为“世界长寿之乡”，青山绿水的澄迈县老城是足以成为世界长寿之乡代表地的长寿之镇。老城人古来长寿，尊老敬贤蔚然成风。清代，老城就有多名百岁以上老人，最高寿者108岁，有3名百岁老人获得朝廷赐匾。当代，长寿老人人数益增。2018

年，老城全镇有百岁老人 23 人，90 ~ 99 岁老人 328 人，80 岁以上老人 1289 人。这些长寿老人大部分集中分布在罗驿村、文集村、夏社村、文大村等耕读传家的长寿村庄。

老城镇是旅游的绝佳胜地。明代老城的“古城八景”声名远播，分别是独珠回峰、双滩赴海、永庆丛林、大胜参天、北岸渔歌、西峰牧笛、通潮飞阁、伏波灵祠。时至当代，或景色如旧，或重换新颜，古韵犹然。八景之中，通潮飞阁毁于侵华日军，近年，老城有关部门策划重建通潮阁，开始筹建工作。始建于北宋时期的千年古刹永庆寺，据传苏轼等入琼名人曾慕名前来瞻佛。当代重建的永庆寺内，新置的 24 尊取材缅甸白玉的大型佛像，向世人展现着莹白光润的殊妙法相。老城地区的现代化旅游配套设施不断完善，由银滩海滨旅赏带、金角高端消享区、天堂湾文化休闲区、天堂湾养生度假区等功能区构成的盈滨半岛旅游度假区 2015 年按规划建成。从 2001 年开始举办的盈滨龙水节，至 2018 年已举办 15 届。龙水节期间，老城举行舞龙、舞狮表演，有龙舟赛、放风筝、海难排球赛等多姿多彩的项目，在盈滨半岛 4 千米长的海岸线上，出现万人同浴“洗龙水”的壮观场面。2013 年，由香港卫视国际传媒公司、中国国际文化传播集团联合主办的“2012—2013 年度中国旅游小姐全球总决赛”活动在老城经济开发区举行，同时还开展了一系列的旅游小姐采风活动，新华网等各级媒体对大赛跟踪报道，更进一步提升了老城这一旅游胜地的知名度。到老城的游客，可以重走唐宋贬官们曾经走过的古道及古码头，感受苏轼在凄风冷雨中吟唱“问汝平生功业，黄州惠州儋州”的无奈与悲凉，还可以观赏省级生态文明村文礼村及美俗村，参观海南省十大文化古村之一的石礐村，到罗驿村等乡村田园间领略古桥耕月、阡陌新禾、夕港牧笛、枧山晚炊之美景，然后到农家乐吃一碗龙吉米煮的香饭，咬一块美味留香的白莲鹅，尝一口上吉牡蛎，剥一个老城青蟹，再品一个老城糯米粑，对老城流连忘返之感，必将油然而生！

西部港口

基本镇情

老城镇，沉淀了千年历史古韵，是海南省十大历史文化名镇之一。自隋大业三年（607）澄迈立邑于老城，到清光绪二十一年（1895）澄迈县署迁往金江，老城历经了9个王朝的兴衰更迭，老城设县治的1288年中累积下丰富多彩的古代文明。

老城镇与省会海口市西海岸相连，占尽地理优势和海、陆、空立体交通优势，江海交融，气候温和，山清水秀，人寿物丰。镇内路、水、电、气、通信等基础设施建设日臻完善，经济建设、社会事业欣欣向荣，是海南省发展最快、充满活力、勃勃生机的城镇之一。

老城镇是一个神秘而古老的历史名镇。隋大业三年（607）原苟中地复县，县治初设在澄迈村（久废），后移澄江坡（今老城圩），地属临振郡。因县治地临澄江、迈岭处，故分别从澄江、迈岭各取首字命名。1000多年后，澄迈县署搬到金江，便留下了一个历尽沧桑的名字——老城。自隋朝置县之后，历经隋、唐、五代、宋、元、明、清、民国，至今已有1400多年历史。“澄迈”二字一直沿用至今，而在这1400多年中，在老城立县署就有1288年。

老城镇土地肥沃，气候温和，山清水秀，海岸线长，海域宽阔，有丰富的海洋资源和悠久的渔业历史，物产丰富。老城镇是长寿之乡，是一块堪称宜工、宜农、宜渔、宜居、宜游的风水宝地。老城镇历史文化厚重，苏轼等著名的历史文化名人在此留下足迹。镇内景点景观众多，文物古迹有71处。老城镇是一个充满活力、勃勃生机的现代化城镇。2010年9月9日，老城经济开发区被评为“中国十大最具投资价值开发区”。老城镇的社会经济建设面貌日新月异，成为全省发展速度最快的“希望之城”。

建置区划

建置沿革 汉代，老城隶属珠崖郡苟中县。梁属崖州。隋立澄迈县，老城为县之治所。清代，老城隶属澄迈县恭贵乡，领坊郭都、安调丰都、东水都等都图。1913年，属澄迈县第九区。1931年，属澄迈县第四区。1955年，属澄迈县白莲区管辖。1956年，老城、丰盈、东水、玉堂4个乡合并，成立老城乡（中乡），属白莲区管辖。1958年，属白莲公社管辖。1961年，白莲公社分设老城公社，下辖拔南、文章、儒宗、美儒、龙吉、龙凤、老城、盈滨、大场、道辅、才吉、玉堂、东水、大亭、文集、文大、上联、石礶、金马、东水20个大队，138个生产队。1972年，老城公社划出金马、文大、东水、大亭、石联5个大队和白莲、桥头公社各2个大队，共9个大队，成立马村渔业公社。1976年，马村渔业公社大亭、石联2个大队划归老城公社。

2007 年 8 月建成的老城镇党政办公大楼

1983 年，老城公社、白莲公社、马村渔业公社分别改为区。1987 年，老城区、白莲区、马村区分别改为镇，原下属的各乡改为村。1989 年，改为管理区。

1995 年，拔南和丰盈两个管理区划归海口市。1995 年 11 月，管理区改为村（居）民委员会。至 1998 年，老城镇辖 7 个村（居），30 个自然村。

2002 年 8 月，原白莲、老城、马村三镇合并，组建新的老城镇。2005 年 10 月，原白莲镇设有老城镇白莲工作站。2007 年 12 月，白莲工作站撤销。

2018 年，老城镇辖老城、马村、白莲 3 个社区以及美儒、大道、才吉、玉堂、大亭、石联、东水港、文大、玉楼、潭池、罗驿、富豪、坡脑、那板、文玉 15 个行政村；有 4 个居民小组，77 个村民小组，71 个自然村。镇人民政府驻老城圩。

老城社区（2018 年）

圩市村庄

圩市 今老城镇是2002年由原来的老城、白莲、马村三镇合并而成的，原三镇不论是经济发展还是城镇建设，一直都是澄迈县的强镇，其圩市都是各具特色的古圩，这三处古圩市均成为城市的社区。

老城圩 老城圩位于琼北，距金江镇34千米，距海口市18千米。老城为古圩市，是澄迈县千年县治的城邑，是现老城镇人民政府、老城社区居民委员会驻地。

隋大业三年（607）立澄迈县。清光绪二十年（1895）县治南迁金江镇，旧县邑所在地被称老城圩，老城之称自此始。

宋代，老城古码头商船云集，商贾纷至沓来，大陆来往货物进出经老城古码头。明清时期，老城有西市、东市，隔日发市。民国时期，古码头每日有1000石大米交易。1950年后，老城圩商贸渐兴，隔两天一小集、四天一大集。1963年，老城圩周边陆续建成老城水电站、老城炼乳厂、农具修理厂、打铁店、邮电所、工商所、信贷所、百货商场，商贸繁荣市场活跃，从业人员1000余人。1966年，建成老城糖厂，日榨甘蔗200吨。20世纪70年代，老城古码头深挖航道筑岸堤，常有20～30艘商船停泊。1988年，创办老城工业开发区。居民融入改革大潮流，进行融资或筹资合股。澄江南路、澄江北路、文德路两侧按市政规划，建起临街铺面180间，计5万平方米，经营具有地方特色的海鲜馆、茶店、旅馆、土特产、五金、日杂百货等商店。1997年，4千米长的老城海鲜一条街形成，20多家海鲜店开张迎客。全镇餐饮企业150家，酒店31家，其中五星级以上酒店5家，能同时接待千人以上大型会议高等级酒店1家，各类文化娱乐场所30家。截至2018年年末，第三产业从业人员1.8万人以上。

如今老城圩所在地为老城社区，东与美鼎村毗邻，南与美造村接壤，西与才吉村委会交界，北与大道村委会相连，南北3千米，东西4千米，总面积12平方千米。2018年，居民小组人口8667人，其中男性4767人、女性3900人，属地常住人口（含老城镇治所、开发区所属单位）约18000人。原有土地面积100亩，2010年，土地全部被建设征用。至2018年年底，老城圩为老城镇治所在地、海南老城经济开发区所在地。2018年，经济收入4884万元，人均收入10879元。

白莲圩 位于老城镇南部，南距县城28千米，北距海口市中心33千米。原名车头村，道教南宗五祖白玉蟾曾在村里设坛布道，故改名为白莲。

白莲圩前身是长兴市，又名长发市，为古圩市，1925年从长发圩迁来。当时以13

白莲社区（2018 年）

股投资方式筹建。其中，罗驿村 5 股，罗驿村岱之祖 1 股，昌广、沙吉村合 1 股，倘村、好用村合 1 股，白莲村 1 股，孝友村 1 股，荣物、玉扬村合 1 股，美桃村 1 股，筹建小组人员合 1 股。当时，建成二纵三横街道五条街道的集市区，并根据市场销售的主要产品划出专售街道（分大街、米街、鱼街、猪仔街）和牛坡，形成新的白莲圩。

民国时期是乡公所所在地，解放后是澄迈县四区区府所在地。至 2002 年三镇合并前，都是白莲区政府、镇政府、人民公社所在地。三镇合并后为白莲社区居委会所在地。此处有政府职能部门配套的工商、财政、税务单位，又有供销商业设置的商场、百货商店、饮食店、五金店、生产饲料店、日杂店，还设有银行、邮电、信用社，有幼儿园、中小学、医院等单位。2018 年，有 500 多家商店。

白莲圩周围分布着 100 多个村庄，聚居有几万人口，加上交通方便，集市在古时早已形成。古时的集市，每两天一小集，每四天一大集，一直沿用至今。古时直至 20 世纪 60 年代的集市点都在旧市区（即东至西线公路，南至粮所街，西至粮所东边二巷，北至政府街西延段），摊位排放几乎都在“井”字的内范围。每到大集这天，赶集的人从四面八方涌来。即使是在物质比较贫乏的年代，这里的大集市仍然非常繁荣，有人将此地称为“香港市”。特别是牛市，更为热闹。白莲是盛产牛的地区，除了招来县内、岛内的牛贩外，还吸引了不少来自广东、广西的商客。

白莲圩民国时期归澄迈县白莲乡。1950 年，归属澄迈县第四区。2002 年，划归老城镇，为白莲社区。白莲社区东至群大村，南与罗驿村接壤，西与倘村、夏社村交界，北与美月村、潭池村相邻。2018 年年末，白莲圩原籍人口 1591 户 7985 人，其中男性

马村社区（2018 年）

4391 人、女性 3594 人。村内有劳、庞、冯、王等 12 个姓。

马村圩　位于琼岛北部沿海，三面临海、一面依山，与雷州半岛隔海相望。距澄迈县金江镇约 30 千米，距海口市 33 千米。村西北有马村港。唐宋时期，是各地商贾集散之地、海上交通枢纽。是“十二五”规划时期 25 个国家级枢纽港之一。由于港口水深以及地质承载力强，是琼北具备停靠大型船舶的深水港，在环北部湾经济合作圈中有着重要作用。

马村建立于北宋靖康元年至建炎元年（1126—1127），立村始祖自福建兴化府莆田县甘蔗园漂洋过海初抵海南，依岛而居，繁衍生息，为居住之地命名马岛，后迁至现址。二世祖育有四子，衍传至今。

马村是马村渔业公社（镇）的驻地。1972 年，马村从老城公社划出成立马村渔业公社后，从农村向城镇化过渡而变为马村圩。面积约 0.5 平方千米。主要街道有人民路、电厂路、市场路，还有富民路及第一、第二、第三横路。赶集主要是在人民路和市场路的农贸市场。

马村镇在三镇合一之后改为老城镇属下的马村社区，马村圩为马村社区居委会所在地。如今的马村社区东与石礶村接壤，南与文音村和头甸村相连，西与桥头镇沙土圣眼村邻近，北临琼州海峡，每天人来人往，热闹非凡，已成为一个市场繁荣、充满活力的滨海小镇。2018 年年末，全村有 712 户 3306 人，其中男性 1824 人、女性 1482 人，流动人口约 3000 人。

村庄　老城镇辖 15 个行政村，全镇有 77 个村民小组，共 71 个自然村。自然村落村的名字中有12个冠以“美”字，这些村庄因建在迈岭脚下，村名最初以“迈”字冠名。清末至民国初年，因“美”与“迈”字发音相近，故用“美”字代替。

老城镇71个自然村落一览表

（按三镇合并前的区域管理排序）

表1

村名	方位及距镇址距离（千米）	建村年代	立村始祖及村名沿革	特　色
龙吉村	东南2	南宋庆元元年（1195）	郑宗（又名郑朝儒）自闽莆田县迁入，取名龙吉村，沿用至今	中国传统村落、龙吉米产地、革命老区村庄
龙凤村	南1	清康熙四十二年（1703）	王元勋从桥头镇才芳村迁入。村名初为用逢村，1950年改名	革命老区村庄
美造村	南1.5	清乾隆年间（1736—1795）	林氏和王氏分别从石山、加佳迁入，取名美造村，沿用至今	革命老区村庄
美鼎村	东北1.5	明弘治十三年（1500）	岑士雁从永发镇岑后村迁入，取名美鼎村，沿用至今	—
儒峨村	东北2	明崇祯五年（1632）	劳德美从文凤村迁入，定名儒峨村，沿用至今	—
盈滨村	北2.5	清道光十年（1830）	由长流镇博养村和龙朝村的张、邝、陈、吴等7户人家搭茅寮居住，始称牛寮村，后北迁至较高沙滩处，定名盈滨村	—
大场村	北1.5	明	先祖为自闽地漂泊到海南的疍民，故村名为疍场村，1950年改名大场村	—
道辅村	北0.8	清	李、玉、陈、林、曾和谢姓从大场村附近的白石井村迁入立村，定村名为道辅村，沿用至今	—
谭才村	北1.2	明	冯氏从那化村迁入，谢姓从大场村迁入，吴姓从荣堂村迁入，定村名谭才村	—
美宁村	北1	明	原名儒璋村，由儒璋、文田、道群3个村组成，冯氏于清代从闽莆田迁入，定名美宁村	—
上吉村	西北2	明	前身为文荣村，清顺治元年（1644）迁500米重建新村，改名上吉村	—
东水村	西北2.5	明	又名东文村，由用谭、新村、美臣3个村组成。王氏从福建甘蔗园南下，择地定居，村名为方位名，后改名东水村	—
音臣村	西2.3	清	清代中期陆姓从桥头镇头才村迁入立村，清代王绳斋从玉堂村迁入	—
玉堂村	西2	清雍正年间（1723—1735）	王继仁、王继之从包金村迁入定村名玉堂村	—
文连村	西2.1	清中叶	陈姓从福建迁入，定村名文连村	革命老区村庄

续表 1

村名	方位及距镇址距离（千米）	建村年代	立村始祖及村名沿革	特色
尔邱村	西南 2.1	清嘉庆年间（1796—1820）	邱联甲从琼山县金花村迁入，定村名鲁邱。农业合作化初期，为书写方便，将“鲁邱”写为“尔邱”，沿用至今	—
美俗村	西 1.7	清	王丁帮、王明从玉堂村迁入，定村名为美俗村	省级文明生态村
文礼村	西北 2.2	清	原名那礼村，嘉庆二十五年（1820）冯世卿、冯德禧等 4 名廪生改名文礼村	海南省生态文明村
美椰村	西 3.2	清中叶	吴金成从福建迁入，定村名美椰村	—
孟乐村	东南 0.5	清	李姓从桥头镇博明村迁入，罗姓从美玉村迁入，定村名孟乐村	革命老区村庄
仲音村	西 4.5	明景泰四年（1453）	钟秀定村名儒仲村（东村）。交趾县知县、老城昌广村贡生吴思迪迁居儒仲村，定村名扬音（西村），后两村合并改为仲音村	革命老区村庄
富昌村	西 5.5	明嘉靖年间（1522—1566）	罗高从文集村迁入，定名富昌村	—
音大村	西南 6.5	明	文集村第十代世祖罗德惠迁入，定村名音大村	—
文集村	西南 6	宋	始祖雷州府官罗现政卸任后到琼择十洼地而居，取村名汶十村。后因谐音改名文集村	—
音书村	西北 8	明	先祖从石礶村分出，移至文澳地立村。1984 年迁回故地东边定居，定村名音书村	革命村庄
石礶村	西 10.5	唐	原名四角井村，明代改名石礶村	海南省十大文化名村、中国传统村落、澄迈县古村落
美玉村	北 10	南宋咸淳元年（1265）	罗举文自吉安县基下村迁入，取村名美玉村	澄迈县古村落
谭脉村	西北 8	北宋宣和七年（1125）	李开建从福建莆田县甘蔗园迁入，取名谭脉村	革命老区村庄
潭昌村	西北 8	南宋绍兴三年（1133）	罗依有由福州渡琼，择地而居，定村名潭昌村	中国传统村落、澄迈县古村落
包金村	西北 11	清	原名那金村。王昌球从太平乡大潭村移居那金村，改名包金村	革命老区村庄
国社村	西南 10	北宋皇祐元年（1049）	前身儒姜村，始祖由福建古田县钓国村渡海入澄邑，在凤凰山立村。石礶岭改名国社岭，迁居岭东边，改村名国社村	革命老区村庄

续表 1

村名	方位及距镇址距离（千米）	建村年代	立村始祖及村名沿革	特　色
文大村	西北 6	明	曾传明代特授千户武官，从福建到海南任职，择地立村，定名文大村	革命老区村庄
美当村	西北 6	唐贞元二年（786）	先祖冯国祯取原籍福建福州府闽县美当村之名，定村名为美当村	革命老区村庄
富书村	西北 6	宋	罗宪尹自江西吉安迁入立村，定名富书村	革命老区村庄
东水港村	西北 5	明以前	原为渔村称港口村，后改称东水港村	农业部公布的第三批渔港
沙吉村	南 9	元末	吴国杰、吴国深兄弟从倘村迁入，村名原为沙窟村，后改名沙吉村	革命老区村庄
好用村	西南 8	南宋景定元年（1260）	庞京兆从广东化州出任琼州府参军，后落籍，定村名陶镕村，后取谐音为好用村	澄迈县古村落
夏社村	西南 6.5	南宋	吴国宾从福建入琼为官落籍，后从桥头镇文兵村迁入，定名夏社村	革命老区村庄
倘村	西南 7.5	南宋乾道六年（1170）	吴霜谪琼任澄迈县令，卸任落籍，定村名倘村	革命老区村庄
那仍村	东南 9.5	南宋开禧元年（1205）	王文成、王文炳从福建莆田迁入，定村名仁新村，1950 年改名那仍村	革命老区村庄
群大村	东南 8	南宋隆兴元年（1163）	蔡成从福建莆田贬谪居琼山涌谭村。后蔡开居、蔡开基自琼山迁居入村，村名始称文大村，因本地有村重名，改名群大村	革命老区村庄
罗驿村	北 6.5	南宋咸淳元年（1265）	琼州万安（今万宁）流川人李文英于澄邑信教期间落籍倘驿都，定村名罗驿村	中国传统村落、澄迈县古村落、革命老区村庄、澄迈县十大长寿之村
玉章村	西南 7.5	明	王氏、张氏经琼山托村、马坡村迁入，定名玉章村	—
荣堂村	西南 7	南宋嘉定五年（1212）	吴善继立草吉村。吴、林两姓于明永乐十二年（1414）从草吉村迁移至荣堂坡建村，改名荣堂村	革命老区村庄
玉楼村	西南 3	明	明清时期名儒楼村，1950 年改名玉楼村	革命老区村庄
昌盛村	西南 2	明崇祯十七年（1644）	原名音就村，吴姓从大丰文音村迁入，蔡、刘、黄、王姓相继迁入，取吉意村，后改名昌盛村	—
谭颜村	西南 1.5	明	谭应奎由福建省兴化府莆田县迁入，村名旺家村，后改名谭颜村	革命老区村庄
儒林村	西南 3	明嘉靖元年（1522）	林姓人迁居此地，定村名儒林村	革命老区村庄
潭池村	南 3	—	—	革命老区村庄

续表 1

村名	方位及距镇址距离（千米）	建村年代	立村始祖及村名沿革	特　色
仁里村	南 3	清顺治十三年（1656）	庞坤从美月村迁入，取名仁里村	革命老区村庄
美且村	南 2.8	元至正十二年（1352）	林暹第十世林汉臣任澄迈县尹时定居立村，定名美且村	—
美月村	南 3	明	庞二从好用村迁入，取名美月村	—
美儒村	南 3	明洪武四年（1371）	吴铨从琼山龙富坡迁入，取名美儒村	革命老区村庄
那统村	南 16	清顺治年间（1644—1661）	吴贤秀后裔吴明蕃、吴明邦迁居，取名松脚村，后改名松茂村，1950 年改名那统村	—
昌广村	南 14	明	吴贤秀后裔从荣堂村迁入，取名昌广村	革命老区村庄
青领村	南 15.5	明嘉靖年间（1522—1566）	郑永从广东海丰县上炉村迁居那舍坊，后迁入，取村名青领村	澄迈县古村落
富豪村	南 14	明	吴霜十二世吴云龙及其后裔分别从倘村、沙吉村迁入，原村名坡脑村。1950 年改名富豪村	—
美巢村	南 16	清康熙年间（1662—1722）	王维国从琼山东山村迁入，取名美巢村	—
那板村	南 19	明崇祯十七年（1644）	符大焕从临高县敦黎村迁入，取名美板村，1950 年改名那板村	—
玉旺村	东南 20	明正统十二年（1447）	颜尚中从儒堂村迁入，命村名阿旺村，后改名玉旺村	—
美文村	东南 11	南宋咸淳七年（1271）	吴天保迁入，原名东本村，又称美畔村，后改名美文村	革命老区村庄
坡脑村	南 16	清顺治元年（1644）	邱文庄立村，村名英茂村，1950 年改名坡脑村	—
群吴村	南 16	南宋祥兴二年（1279）	洪佑南于从琼山图村迁入，原名金龙上村和金牛下村，后改名群吴村	—
儒文村	南 18	明	—	—
仁心内村	南 17.5	明初	姜元熹第十九世姜鼎荣从国社村迁徙那龙村，改名仁让村。仁让村和洋心村合并成仁心村。后两村分立，原洋心村易名仁心内村，原仁让村易名仁心外村	革命老区村庄
仁心外村	南 17.5	明初	姜元熹第十九世姜鼎荣从国社村迁徙那龙村，改名仁让村。仁让村和洋心村合并成仁心村。后两村分立，原洋心村易名仁心内村，原仁让村易名仁心外村	革命老区村庄

续表 1

村名	方位及距镇址距离（千米）	建村年代	立村始祖及村名沿革	特色
谭城村	南 15	南宋初年	陈豪由福建泉州渡琼落籍，定村名谭城村	革命老区村庄
仁厚村	南 15.5	清康熙三十八年（1699）	邱姓人家入住，取名仁厚村	—
大连村	南 14.5	明	大连村立村始为贡姓，后吴贤秀后裔吴国翁迁入，陈巨潮从青岭村迁入	—
玉堂村	东南 23	明	原村名坡旺村，1950 年后改名玉堂村	革命老区村庄
文楠村	东南 23	宋	陈一照从琼山迁入，立村名文楠村	革命老区村庄

区位　面积　交通

区位　老城镇位于北纬 19° 58′ 22″、东经 110° 07′ 86″，地处海南岛东北部，北临琼州海峡，东与省会海口市西海岸交会。距海口市政府所在地 10 千米、海口市中心 20 千米、粤海铁路南站（海口出岛火车站）2.8 千米、海口著名的假日海滩休闲度假区 13 千米、海口火山口世界地质公园 7 千米；南距澄迈县城 29 千米。

面积　辖区东西最大距离 15 千米，南北最大距离 22 千米，土地总面积 149.2 平方千米，其中农业用地 97.11 平方千米，建设用地 42.84 平方千米，滩涂 9.22 平方千米，水域面积 58.69 平方千米，海岸线长 16.5 千米，行政区域 259.99 平方千米。人口密度每平方千米 234 人。

交通

老城镇地理位置优越，交通方面占有海、陆、空立体交通优势。

航空　距海口美兰国际机场 42 千米，开车 30 分钟即可到达。

公路　1924 年修建澄临公路，即从丰盈至临高羊岭，总长 108 千米。通过老城境内从丰盈至群吴村约 20 千米。老城地区具有海、陆、空立体交通优势，交通纵横交错，四通八达。1952 年，兴建海榆西干线，途经老城、白莲等地。1995 年，兴建西线高速公路，1997 年竣工通车。西线高速公路 25 ～ 56 千米处属澄迈境内段，途经老城、白莲等地，路长 31 千米，车流量平均达每昼夜 3494 车次。

至 2008 年，全镇 18 个行政村（社区）实现乡村公路水泥硬化。每天有从县城往返海口市的几十班公共汽车路经老城，每天有从海口市公交站开出的 55 路、57 路、59 路市内公交车，每 15 分钟一班次往返于海口—老城—马村。海南环岛西线高速公路、海口南海大道、海榆西线公路、海口滨海大道西延线及海口绕城高速公路均在老城镇内交会。

老城快速干道立交桥（2017 年）

海南环岛西线高速公路老城段（2018 年）

乡镇公路

铁路 粤海铁路海口南站、铁路物流配送中心均在镇内，西环高铁从镇内经过。粤海铁路海口货运编组站建在镇内。从老城镇驾车至火车站（出岛火车客运站）和南港码头只用 10 多分钟。

海运 镇内的海南港航马村中心港区建有老城港、马村港、东水港、美当湾、包金湾、新兴港 6 个港口群，可停泊 10 万吨以上的船舶，码头年吞吐量超过 1000 万吨。马村口岸是国家一类口岸，已开通达日本、韩国、新加坡等 10 多个国家和地区的国际航线。

客运火车

海口南站货场（一）

海口南站货场（二）

海南环岛高铁老城镇站（2015 年）

自然环境

老城镇位于澄迈县北部滨海台地。境内地貌多样，有山岭、江河、海湾、沙滩。高度在 50 米以上的山岭有 6 座，江河有 6 条，海岸线长 16.5 千米，港湾有 5 个。

镇内各类资源丰富，土壤有水稻土、砖红壤土、滨海沙土、富硒土。植物有见血封喉树、榕树等 300 多种。野生动物有鸟纲类 117 种，水生物有鱼类、甲壳类、节肢类、皮类、棘类、贝类、藻类等。矿产有石英砂、石灰岩、花岗岩、玄武岩、磁铁矿、石油天然气、海水盐等。老城镇为热带季风气候，光照充足，高温多雨，雷暴多，台风多，四季不明显，雨干季分明，干凉同季、雨热同期。年平均气温 23.7℃，年平均降雨量 1400 毫米。宜种植被和作物，是澄迈县比较富庶的区域。

地质地貌

老城镇地形似丁字形。陆地从盈滨半岛至文玉村南北最长线约 20 千米，从龙吉村至马岛博裂口为东西最长线约 17 千米。

老城地区按自然地理大体分为 3 个区：古火山地迹区、沿海海积地迹区、河流冲积地迹区。古火山地迹区分布于老城、白莲一带，由于长期风化作用，表面已红土化。沿海海积地迹区，海滩沙堤分布于马村湾和盈滨湾一带，海滩主要由淤泥、细沙、沙砾组成，遍含贝壳、螺壳。河流冲积地迹区分布于罗驿、美伦河两岸，主要由淤泥、沙壤、沙黏土组成。

地貌类型主要分为山岭、台地、平原阶地、半岛、岛屿、海滩等。

半岛 老城镇的半岛主要有盈滨半岛和马岛。

盈滨半岛位于老城村西 2 千米处琼州海峡边岸，平均海拔 14 米，面积 4.7 平方千米。地势平坦，阳光充足，景色优美；外海海水碧蓝如镜，近岸沙细洁白；内湾泥沙质地，视野开阔，风平浪静，已开发成连片景区。

马岛位于马村西 0.5 千米处，面积 0.6 平方千米。有马村渔民盖房屋居住，有生活用的淡水井。种有木麻黄等海防林，起到防风固沙的作用，周边可以挖塘养殖鱼虾、沙虫、贝类、牡蛎等。岛上有 2011 年 10 月海南省人民政府立的石碑。碑面题刻“马岛，海南省人民政府，2011 年 10 月立”。碑背题刻“马岛位于澄迈县东部海域，地理位置北纬 19° 56′，东经 109° 59′，隶属澄迈县马村镇。离马村镇海岸约 0.22 千米”。

台地 老城镇的台地属低海拔台地，最低海拔 10.5 米，最高海拔 144 米，一般高出海面 50 ~ 100 米的占土地总面积的 90%。由喷发的火山岩组成，由于长期风化作用，表面已普遍红土化，红土厚度 2 ~ 5 米，最厚处达 10 多米。红土在干旱时干硬，下雨时黏滑易化解，在长期水流作用下常形成冲沟、坳沟和羊背地形。沙泥堆积的地方土质疏松，易耕作，所以老城地区自古以来适宜种植甘蔗、五谷作物。

山岭 老城的山岭有迈岭、神岭、风门岭、颜春岭、国社岭、夏社岭等。山岭分布于川水流向，形成老城地势东高西低、中间高四周低，向琼州海峡倾斜。

迈岭又叫那由岭，位于老城镇龙吉村西北，形如初月，海拔 67 米。

神岭位于那板村、玉旺村东北，北依安仁村，南北走向，东弯西平，两头尖。面积约 2 平方千米，海拔 142 米。

风门岭位于白莲群吴村西北侧，海拔 105 米。位于原海榆西线公路北侧，东西宽约 150 米，南北长 300 米。

颜春岭古名大胜岭，又名大山岭，位于老城镇仲音村南，形似长方形，山顶貌似圆形，海拔 144 米，是老城地区海拔最高的山岭。

国社岭位于国社村西、马村东南侧，距村 1.5 千米，金马大道西侧，西临马村港。岭西是马白山将军纪念园。海拔 57.1 米。紧紧连着马岛湾，面向大海。清代称石岭，在海边立封土侯于石岭，今加墩台以便海上瞭望防卫之用。

夏社岭位于夏社村西、好用村东南部、倘村北部。海拔 103 米。20 世纪 60 年代和 70 年代，曾有海军小分队进驻。

平原阶地 老城镇的平原都在海拔 50 米以下，面积 10.38 平方千米，占土地总面积的 6.96%。

海滩 老城镇的滩涂分布在盈滨半岛、东水港、马岛一带外海、内湾海岸，宽度几十米至几百米不等，面积 9.22 平方千米。在高潮线以下沿海岸呈带状分布向海倾斜，倾角 3 ~ 7 度。滩涂面积约 1 万公顷，适合海水养殖。

河流港湾

老城镇有大小河道多条，主要有内澄江、外澄江、肖阳河、潭漏溪、那脉溪等。是全镇工农业用水主要来源之一。

内澄江 发源于白莲神岭东麓，向北流经琼山西部，从美造村入境，至龙吉村西侧向西流。绕老城村向南，经东水港入琼州海峡，长度 13 千米，江水蜿蜒弯曲，故称九曲江。下游称老城河。集雨面积 62 平方千米，受灌面积约 2000 亩。

外澄江 即美伦河。发源于神岭、风门岭、罗驿松树岭一带。支流道兴水库，绕白莲村东侧流入老城海支，内外澄江汇合，经东水港入琼州海峡。全长 15 千米。集雨面积约 40 平方千米，灌溉面积约 2500 亩。

肖阳河 发源于白莲的郡典岸村西北岭麓，流经大丰地区，入敦周港后出海，长 15 千米。流域面积 28 平方千米，灌田 2000 亩。

潭漏溪 发源于颜春岭西北的潭漏地带，源头是自流泉眼，涌流不竭，流经谭脉、美玉村南侧。位于国社岭北侧，从马村入海，长 4 千米，灌田千亩。

那脉溪 发源于道滩，集雨面积约 20 平方千米。长约 3 千米。

港湾 老城镇有东水港、马村港、老城湾、美当湾、包金湾 5 个港湾。东水港面积 7.4 平方千米，水深 3.8 ~ 21.6 米。东水港前有盈滨半岛为屏障，湾面开阔，泥沙质地，水深浪平，适宜建造商港。马村港面积 6.5 平方千米，水深 3.2 ~ 23.5 米。老城湾面积 7.2 平方千米，水深 1.5 ~ 19.7 米。美当湾面积 4.8 平方千米，水深 2.5 ~ 17.6 米。包金湾面积 4.5 平方千米，水深 1.5 ~ 19.7 米。马村港前有堤坝、后有岩石，航道水深 10 ~ 13 米，停埠处水深 9.5 米，是天然深水港。

土壤

1984 年全国第二次土壤普查中，老城镇土壤划分为水稻土、砖红壤土（赤土）、滨海沙土、富硒土等。

水稻土 老城镇的水稻土有淹育型、渗育型、盐渍型三种。

淹育型水稻土分布在老城、白莲，面积 1.0706 万亩，地势较高，水源缺乏，灌溉困难，水稻靠雨水自然生长，一年一季。

渗育型水稻土分布在白莲、老城、马村，面积 2902 亩，在坎边岭脚下，长期受地下侧水流的漂洗，铁、锰离子严重损失，是水稻土中养分含量最低的土壤。

盐渍型水稻土分布在老城、马村沿海地区，只有咸田一个土属，轻咸田、中咸田两个土种，面积 2589 亩。

砖红壤土 砖红壤土分布在白莲、老城、马村。老城地处北部台地，表土黏质重，容易形成铁壳土层，其中铁含量 14% ~ 19%，适宜种植树木、甘蔗、花生、芝麻等作物，面积 8.7698 万亩。

滨海沙土 滨海沙土分布在马村至老城的沿海岸沙堤发育区马岛沙湾、东水港北岸黑山地带、老城盈滨半岛地带，土质多沙，结构松散，有机质少，矿物分解慢，沙粒比黏粒粗大，中细沙占 80%，易透水，土体分层明显。宜种植番薯、高粱、花生等作物。

富硒土 2012 年春，世界粮农组织、中国水稻研究所、澄迈县金江镇顺达农业科技有限公司邀请海南大学委托湖北省农科院检测的农业生产质量标准与技术显示：老城龙吉土壤硒含量 0.97 毫克 / 千克，是国际标准硒含量 0.4 毫克 / 千克的 2 倍多。

老城镇土壤养分分布表

表 2

土壤养分	古火山地迹区	沿海海积地迹区	河流冲积地迹区		
			冲积平原	河谷低阶地	河谷平原
有机质 %	1.81	0.063	2.7	1.86	1.4
氮（N）%	0.087	0.019	0.156	0.092	0.002
磷（P）%	0.073	0.042	0.063	0.047	0.026
钾（K）%	0.164	0.77	1.353	4.4	0.564
碱解氮（$X10^{-6}$）	85	30	73	71	59
速效磷（$X10^{-6}$）	12	7	17	22	24
速效钾（$X10^{-6}$）	71	34	47.9	51	47
酸碱度（pH 值）	5.5	6.2	4.8	5.4	5.6

气候

老城地区属热带季风气候，受季风影响较大，一年四季气温变化不大。台风频繁，干凉同季，雨热同期，温度适宜，太阳辐射能适宜植物生长需要。干凉季一般出现在 11 月至次年 4 月，雨热季出现在 5—10 月。雨热季平均气温在 24.3℃ ~ 28.5℃之间。8 月起有台风，暴雨频繁，气温略有下降。10 月“寒露”节气前后，天气变凉。秋季月平均气温近似春季，不同的是秋季由高温多雨转向低温少雨，而春季则相反。全年高温多雨，光照充足，热量丰富，为农作物创造了良好的生长条件。不利因素是雨量分布不均，时空变化大，有出现春旱、夏涝、秋狂风、冬冷等灾害，给农作物带来一定影响。

气温 老城地区年平均气温23.7℃，年际变化在23℃～24.8℃之间。1998年是高温年，年平均气温24.5℃。1971年是低温年，年平均气温23℃。历年极端最高气温41.1℃，出现在1994年5月3日。历年极端最低气温1.1℃，出现在1967年1月17日。全年高温天气多出现在5—7月，常年低温出现在11月。

降雨 老城地区全年降雨量在1200～1500毫米之间，降水明显随地貌和海拔有所不同。干雨季雨量分布不均，雨季为5—9月，雨量较多。干季为12月至次年3月，雨量较少。常年出现历史性的冬春缺水，夏秋涝灾。

年雨量最多的是1978年，为2344毫米；最少的是1977年，为1139毫米。月最多雨量为774.8毫米，出现在1997年11月；月最少雨量为0毫米，出现在1993年9月。1997年11月1日最大雨量为349.3毫米。年平均雨日为162天，最多的年份是1972年，为189天；最少的年份是1991年，为123天。

湿度 老城地区年均相对湿度为86%。最大年份为88%，出现在1990年；最小年份为83%。年中各月变幅在83%～88%之间。最大月均值出现在9月，为38%，最小月均值出现在7月，为83%。为冬干燥，春秋湿，且有反潮现象，适宜林木和喜雨作物的生长。

日照 老城光照充足，热量丰富，年均日照射时数1993.8小时，占可照时数的46%。大多数年份在2000个小时以上，最多的出现在1965年，为2412.9小时；最少的出现在1997年，为1644.3小时，年际变化不大。一年中日照7月最多，为234.8小时；2月最少，为101.4小时。夏季日最长，为13.17小时；冬季日最短，为11小时。

辐射 太阳辐射能量1959—1998年均能量4821.7兆焦耳/平方米，最多的是1965年，为5363.6兆焦耳/平方米；最少的是1985年，为4363.6兆焦耳/平方米。太阳辐射能在全年中的分配情况和日照对数一致，7月最多，为551.3兆焦耳/平方米；2月最少，为258兆焦耳/平方米。

常风 受季风气候影响，春夏季风向多吹南风、东南风、西风，沿海地区，年平均风速为3～4米/秒，其他地区2～3米/秒。秋冬季风向多为东、东北风，沿海地区年平均风速4～5米/秒，风速随季风和地形而变化。风力一般是秋季大于春夏季，沿海地区大于山区。

全年大风大于等于8级的月份不多，年平均6天，大部分出现在5—10月。大风是受台风影响造成，其次是局部地区雷雨大风。龙卷风也出现过，但次数极少。

水文

老城镇的水文包括地表水和地下水（淡水、海水、碱水）。

地表水 老城镇的地表水包括江水、河水、海水、湖泊、水库的水。有内外澄江、肖阳河、潭漏溪、那脉溪、北常溪等多条江河水，还建有美造、道兴、美本、加落、潭滑、美仁、吉古、昌广、富豪水库，孟六、国社等多个山塘水库和外桥引水工程共12个，灌溉面积15400多亩。其中，规模较大的有道兴水库、美造水库和外桥引水工程。

道兴水库　小（1）型水库，库容192万立方米，集雨面积5.27平方千米。位于沙吉村后道兴山凹，小溪截流而成。1962年始建，主坝只用12天成功截流并可引流灌溉。主渠及主坝加固等配套工程，历时2年完善，主渠长2.5千米。灌溉区域为沙吉村前、罗驿村、昌广老村周边及南兴富豪部分水田耕作区，灌溉面积约2500亩。

美造水库　小（1）型水库，库容560万立方米，水库集雨面积51.56平方千米。1958年启建，在澄江河上游美造村截河建坝。1959年，灌溉主渠及支渠始建，主渠长6千米，支渠白莲片区3.6千米，老城片区5千米，其他支渠4千米。最大最难配套工程为龙凤渡槽，最高6米，长80米，上宽1米，底宽0.6米。灌溉区域为龙凤耕作区3500亩，迈岭耕作区1200亩，潭池大部分耕作区约2500亩。

道兴水库配套渠道（2013年）

美造水库（2015 年）

外桥引水工程（2015 年）

美本、加落水库 小（2）型水库，由山凹集水洼地围堵而成。灌溉区片为美本水库主要灌溉大亭、玉堂、文大等部分耕作区，面积约 650 亩；加落水库主要灌溉上吉、潭才、东水、文礼等部分耕作区，面积约 350 亩。

谭滑、美仁、吉古水库 谭滑水库是围堵山凹集雨而成，1969—1972 年建成。灌溉区域为谭滑水库灌溉美当村西侧田片，面积约 200 亩；美仁、吉古水库主要灌溉文大村南侧至富书村前耕作片，面积约 500 亩。

外桥引水工程 1971 年始建，在美伦河入海口外濂水瀑 1 千米处截流而成，坝体全部用大石块和水泥砂浆灌注而成。主渠长 1.5 千米，各支渠长 3.2 千米。总灌溉面积约 3000 亩。

地下水 老城地处琼北，是琼州海峡水系，资源丰富。据水文站钻孔资料显示：上新流地层，2 ~ 4 个含水层，含水层岩性为贝壳沙砾岩、沙砾卵石、中粗沙、砾质亚砂土等，厚度 25 ~ 70 米，大拉钻孔水位深 49 米，东水港钻孔水位高出地面 5.73 米，老城地区地层侵蚀作用强烈。上新流上段含水层普遍雷头发育，泉流量 1 ~ 5 升 / 秒，白莲北刹岭的北东泉流量最大为 157 升 / 秒；一个自流泉日供白莲糖厂日榨量 50 吨的用水。老城糖厂钻有 1 口深水井，深度 275 米，出水量供全厂 700 人的职工生活用水；马村电厂钻有 3 口深水井，供电厂生产车间用水。

水井 在老城圩约 1 平方千米范围内分布着古代水井数十个，其中文庙大成殿围墙内外各有古井 1 眼，相距 3 米，深 5 ~ 9 米，水质清冽，长年不竭。这些水井在不同历史时代发挥过重要作用，是老城地区珍贵的资源。

一目古井

富苍村二目古井

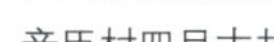

音臣村四目古井

文玉村六目古井（2015 年）

自然灾害

旱灾 清道光三年（1823）至四年（1824），老城地区一年未降水，庄稼颗粒无收。光绪二十七年（1901）旱灾，田野干涸，五谷不登。1946 年，6 个月没有降水，庄稼歉收，人们四处摘野果、捞海菜充饥。

风灾 据清光绪十六年（1890）《琼州府志》记载："飓风于闽粤居多，而害为甚，琼居海中，于海之濒，海诸郡为尤甚，琼郡岁必屡见。"老城镇 8—10 月是台风多发季节，年平均发生 3.6 次，最多年发生 10 多次，最少 1 次，年发率 100%。老城镇沿海地区刮台风，海水涨潮，倒灌入浸沿海水田，养殖塘池堤坝被冲坏，船沉人亡，房屋被刮倒，庄稼被毁，损失惨重。1964 年 9 月，美造村遭龙卷风袭击，16 间房屋被刮倒，树木被连根拔起。

地震 明万历三十三年（1605）5 月 28 日午时，发生琼北历史上最大的地震，震级 7.5 级，强度为 11 度。地震导致琼州海峡南岸 100 多平方千米的陆地下陷成海。澄迈、琼山等县的多个沿海村庄沉入海底。老城镇受灾严重，人畜有伤亡。

清光绪十五年（1889）2月19日发生大地震，县衙倾毁，随之疫病流行。

人口 姓氏 民族

人口 三镇合并后的老城镇2002—2018年间的户籍人口：2002年49592人，2010年55890人，2015年58700人。2018年，全镇总户数17298户，常住人口69190人，男性38054人、女性31136人；18岁以下18276人；18～35岁22886人；35～60岁22108人；65岁以上4631人，占6.69%；80～89岁938人，占1.36%；90～99岁328人，占0.47%；100岁以上23人。人口出生率13.93‰，死亡率2.3‰，自然增长率10.1%。

全镇劳动力总数24813人，农村家庭从业人员20456人。其中，农业从业人员12267人，工业从业人员1993人，建筑业从业人员1398人，交通运输邮电业从业人员1601人，批发、饮食、商业从业人员1980人，其他行业从业人员1217人。

姓氏 老城地区有吴、王、陈、李、罗、曾、冯、林、黄、蔡、符、劳、马、姜、洪、邓、钟、邱、郑、谢、谭、梁、朱、张、孔、颜、杨、庞、唐、莫、刘、许、杜、邝、吕、伍、庄、郭、周、陆、岑、宋、沈、廖、文、童、徐、辜、麦、韦、毛、卢、肖、程、潘、冼、欧、苏、赵、吉60个姓。

民族 老城镇有16个民族，形成多元化的民族集居镇。2018年，总人口中汉族的有59804人，占86.4%；黎族的有92人，苗族的有4人，壮族的有16人。

镇区建设

1988 年，老城镇创办开发区后，县政府明确指示，老城镇的规划服从开发区的总体规划，老城镇经济社会发展融入开发区的整体布局。根据这一精神，老城开发区邀请中国城市规划设计研究院按照开发区“一城七区”的产业发展空间布局，分时间段编修出开发区建设总体规划图。2012 年，通过片区总体规划面积 571.1 平方千米，规划建设面积 117 平方千米。

基础设施

2010 年起，老城镇加强路、电、水、气、通信等“五网”建设，基础设施日臻完善。截至 2018 年，基础设施建设累计投入 380 亿元，设施配套覆盖面超过 60 平方千米。

道路　老城镇镇区形成“五纵八横”的道路总体框架，总里程 130 千米，安装有路灯上万盏。

老城镇南环一大道（2018 年）

老城镇盈滨大道（2018 年）

五纵：南一环、南二环、北一环、北二环、工业大道，均为六车道，路面宽 24 米。南一环、南二环、工业大道分别长 10 千米，北一环长 7 千米，北二环长 4.8 千米

八横：欣龙路、玉堂南路、美伦路、疏港路、富音路、永凯路、武亭路、新兴路。欣龙路（分为南路和北路）南北路分别长 1.4 千米，宽 21 米；玉堂南路长 1.4 千米，宽 21 米；美伦路长 800 米，宽 14 米；疏港路 1.4 千米，宽 21 米；富音路长 2.5 千米，宽 21 米；永凯路长 1.8 千米，宽 14 米；武亭路长 3.5 千米，宽 21 米；新兴路长 2.4 千米，宽 50 米。八横中，部分为六车道，部分为四车道。

供电　镇内有海南省规模最大的华能海南发电股份有限公司马村火电厂，总装机容

火电厂码头（2012 年）

量1074兆瓦。电力方面，镇内于1990年建成220千伏变电站1座，110千伏变电站3座，架设老城Ⅱ #240平方毫米，白莲线70平方毫米，老城镇线70平方毫米等11条供电专线和5条公用专线，配套供电线路达120千米，电力充足。

供水　老城供水厂是海南盈涛水务有限责任公司的直属水厂，位于老城开发区内，占地面积8.6万平方米。2007年7月正式投入运行，供水能力为10万立方米/天，二期规划供水能力为20万立方米/天。取水和原水管道工程及厂区内配水井、折板絮凝沉淀池、V型滤池、鼓风机房、清水池、送水泵房、配电室、加药间等建筑物按20万立方米/天的供水规模建设完成，供水能力从10万立方米/天提升至20万立方米/天。

老城供水厂以福山水库为水源地。福山水库库容为6800万立方米，被省政府规划为集中饮用水水源保护区，水质良好。原水由两条DN1200原水管道输送至老城供水厂，输水里程56千米。原水经过折板絮凝平流沉淀池混合反应沉淀，再经过V型滤池过滤，最后消毒后输送至用户。老城供水厂全天24小时不间断对制水环节的水质情况进行监控，确保出厂水的水质合格。

老城供水厂坚持每天对水质进行严格监测，确保水质合格、稳定，并通过海南省水环境监测中心及澄迈县疾病预防检测中心定期或不定期的抽查，出厂水和管网水合格率为100%。

老城供水厂（2015年）

供水过滤槽

污水处理厂（2013 年）

污水处理　日处理 5 万吨的污水处理厂 2012 年 2 月 27 日建成投入运营。正扩建污水处理工程，处理能力将达到 30 万吨 / 日。全长 100 千米的排污管网工程 2012 年投入使用。

供气　镇内有 2 条供气主线和 2 个供气站，分别是中海油“洋浦—东方—海口”输气管道及老城接收站、老城输气加压站，中石油“福山—海口”输气管道及老接收站、老城输气加压站。供气管道基本覆盖主干道，各支路管道正在建设中，能满足镇区内用气需求。

邮政通信　北宋年间设立的老城通潮驿站除接待官员及宦差，并交接传递官府文牍外，还同时作为邮驿传递澄迈贵平、恭顺、永泰 3 个乡的官府、民间邮件。清光绪三十三年（1907），设海口邮政局澄迈代办所。县内的邮件由步班邮路邮差投递。

1925 年，海南岛有海口至东线站途各县的乡镇和海口至西线沿途各县的乡镇两条邮路，老城地区的邮件每 3 天由海口发班 1 次。

抗日战争胜利后，邮政事业恢复，老城地区增设白莲、丰盈、老城 3 处邮政代办所。1956 年，白莲、老城、邮政代办所改为邮电所。2018 年年末，有邮政支局 3 处，邮政业务总量 3431.2 万元，其中纯收入 395.24 万元。报纸、杂志累计期发行 4065 万份。

老城镇设有电信老城支局 1 所，服务网点 4 个，电话交换机总容量 2.58 万门，固定电话用户 1.01 万户，移动电话用户 1.2 万户，互联网用户 0.39 万户，全年电信业务收入 1300 万元。

中国南方电网——老城供电公司

电话网络 1990 年 8 月，老城地区开通自动电话交换机 300 门，农村电话开通自动化。1993 年 10 月，老城地区全面开通长途电话。2000 年，数字移动电话普及大众，老城地区拥有手机的超过 2 万人。2000 年后，随着澄迈县互联网向农村扩展，电话拨号上网使老城地区农村进入互联网时代。2007 年后，无线互联网覆盖整个老城地区。2012 年，正式启动“户户通”工程，全镇 3000 户完成卫星接收器安装任务，实现有线电视全覆盖。

生态建设

文明村建设 2015 年，创建国家级文明村 1 个，省级文明生态村示范村 3 个，县级文明生态村示范村 11 个。

镇村环卫一体化 投资购置镇区各路段的垃圾筒，建设全镇 60 个自然村 204 个垃圾池，建立“村收集、镇处理”的垃圾中转处理清运机制，实现垃圾定点投放，日产日清。

垃圾处理场 颜春岭垃圾处理厂位于老城镇。是海口市政府投资在老城镇颜春岭的，主要用于处理海口市和澄迈县的部分垃圾。垃圾填埋场采用世界上成熟的且为先进国家普遍使用的卫生填埋工艺技术，总投资 1.4 亿元，2001 年建成运行。至 2018 年，该处理厂是海口和澄迈两地主要的垃圾处理场，也是海口市第一座现代化垃圾处理场。

环保发电厂 由中电国际新能源海南有限公司投资 4.76 亿元建设的海口环保发电厂，2013 年 8 月 28 日在颜春岭开工，2015 年建成投产。海口垃圾焚烧发电厂垃圾处理量达 2400 吨 / 日，年垃圾处理能力达 80 万吨，年发电 3.2 亿千瓦时，可有效满足海口及周边地区未来 5 ~ 10 年生活垃圾的处理需要。

渗滤液处理厂（2015 年）

垃圾处理场渗滤液处理厂　位于颜春岭原垃圾填埋场北侧，是专门处理颜春岭垃圾场垃圾的渗滤液处理厂，占地面积 6245 平方米，2003 年建成投入使用。

澄迈生物天然气示范工厂　位于老城工开发区富音南路 1.4 千米处东侧。隶属海南神州新能源开发有限公司。2009 年 3 月成立，注册资金 7052 万元。

项目有机废弃物的处理规模为 1300 吨 / 日，压缩甲烷的生产规模为 5 立方米 / 日，年产生物机肥 4.5 万吨，总投资约 1.2 亿元。项目占地面积 5.3 万平方米，日产车用沼气 3 万立方米，日处理城乡有机废弃物 500 吨，是农业部和财政部 2014 年畜禽粪污等农业农村废弃物综合利用试点项目、国家发改委和农业部 2015 年规模化生物天然气工程试点项目、财政部第二批 PPP 示范项目。

澄迈生物天然气示范工厂主要是处理海口市和澄迈县生产生活过程中产生的各类有机废弃物。2014 年 3 月，第一期工程全面建成投入运行。截至 2018 年，累计处理废弃物 82.50 万吨，所生产的清洁能源产品各项指标全部达到或优于车用天然气国家标准；生产

澄迈生物天然气示范工厂（2017 年）

副产品沼气渣、沼液等有机肥料 89029.4 吨，其中沼气渣 15905.5 吨，沼液 73123.9 吨。

颜春岭安乐园 位于老城镇西南部约 4 千米，是经海南省民政厅、海口市人民政府、海口市工商管理局批准的海口市大型园林式墓园。墓园由海口市投资建设，始建于 1995 年，1996 年投入使用，墓园面积约 60 公顷。2018 年，分为土葬区、骨灰葬区和生态园区，生态园区面积 2 公顷。

绿化 2018 年，镇区公路、街道两旁及绿化带种植风景树木、花卉、绿草等，共投入资金 2.19 亿元，园林绿化面积 1.6 平方千米。全镇绿化植被覆盖率 53% 以上。

城镇建设 老城历史悠久、交通便利，古城中县衙、学宫，街巷、市场一应俱全，但规模不大。旧时全城仅有街巷 5 条，居民百余家。1950 年 5 月，老城地区解放，百业待兴，从清理战争废墟开始新镇建设。至 1958 年，先后利用原有的民房、商铺、宗祠等资源设立事务站所、学校、办事机构和公共设施，新建粮食管理所、食品站、信用社、供销社、卫生院、白莲糖厂、白莲中学和老城中学等。

1958 年人民公社成立后，基础设施建设步伐加快，镇区建设初具规模，党政机关、镇直文教卫生等部门齐全。1965 年，根据镇区生产发展需要，兴建全县最大的工业企业——老城糖厂。

20 世纪 80 年代，从中学开始，全区学校陆续建起教学大楼，医院建起门诊部、住院部大楼，镇政府新盖起办公楼、大礼堂。20 世纪 90 年代，城镇化建设得到加强，镇政府办公大楼在新址落成。老城中学、白莲中学的综合大楼、教师宿舍楼、学生宿舍楼陆续建成，老城开发区新办公大楼、迎宾大楼相继建成。镇区私人住宅楼林立，镇区道路得到硬化、美化、靓化。镇区用水、用电、程控电话等设施逐步完备，城市化面貌焕然一新。

2002 年，老城、白莲、马村三镇合并，新的老城镇发挥毗邻海口、交通发达、历史文化厚重、旅游资源丰富的优势，将旅游生态融入城镇建设，按照海口后花园定位和新型城镇建设讲求“城在景中，景在城中”的理念，打造宜业、宜居、宜游、宜养的工业新城。

进入 21 世纪后，镇区建设步伐加快，老城镇实施道路拓宽改造、安装路灯。2015 年，对白莲、马村道路进行硬化，完善老城、白莲主要干道和建设农村畅通工程。同时，维修农村公路和田间道路。大规模开发建设镇区沿街楼，至 2018 年，出现一大批商住小区，如恒大的御景湾、鲁能海蓝福源、泽航房地产四季康城一期、金手指房地产四季花城、金源房地产中华坊、青龙房地产碧海金珠、新榕房地产四季康城（第二和第三期）、新澳洋房地产的藏龙福地、福隆集团的福隆·丽水湾、甘肃公司兴建的悦海家园、丽海阳光温泉度假村、善利实业澄江广场、伟信实业后海温泉小镇，这些都成为老城地区房地产开发的样板小区，城镇载体功能得到进一步增强。

经济发展

农业

老城镇自然条件优越，人均土地富足，历来是海南粮食生产和经济作物的主要产地之一。2018年，粮食播种面积28615亩，总产量11160.34万吨；油料播种面积1813亩，总产量162.5吨；蔬菜播种面积17702.6亩，总产量45509吨；水果种植面积5812亩，总产量9394吨。农业总收入5亿多元。

作物种类 水稻是老城的主要粮食作物，薯类次之。杂粮为高粱、玉米、旱稻、狗尾粟、小米。豆类为黑豆、绿豆、红豆、扁豆、四季豆、豇豆。油料作物为芝麻、花生、山柚。经济作物为糖蔗、果蔗（黑）。水果为波罗蜜、荔枝、龙眼、杧果、台湾高朗枣、凤梨、美国樱桃、人心果、越南毛叶枣、莲雾、马来西亚阳桃、无核黄皮、珍珠番、石榴、香蕉（牛板蕉和粉蕉）。

瓜菜种植 老城的瓜菜为冬瓜、南瓜、西瓜、葫芦瓜、丝瓜、木瓜、甜瓜、大蒜、葱、韭菜、水芹、白萝卜、大白菜、大芥菜等。瓜菜种植不断引进优良品种进行改良，特别是利用海南的气候优势大量种植反季节瓜菜，使老城的瓜菜种植有了质的飞跃。

无籽西瓜　白莲定荣莲雾　老城福橙

白莲番薯　青皮冬瓜　老城南瓜

尖椒种植基地　老城良种木瓜　黄椰子

林业

老城镇地处热带季风气候地带，适宜发展林业，森林资源丰富。2018 年，全镇宜林绿化地面积 36056 亩，植树造林面积 31480 亩，占 87.32%。其中，园林绿化植树造林面积 2176 亩，四旁绿化植树造林面积 2030 亩，用材林植树造林面积 4242 亩，防风林植树造林面积 2840 亩，经济林面积 20192 亩。活立木总储量 2.8744 万立方米，绿地覆盖率 53%。

树种 老城古树名木多，有见血封喉树、红树林、重阳树、印度紫檀树等乔灌木树 300 多种。其中，本地原生树种有榕树、见血封喉树、椰子树、波罗蜜树、荔枝树、龙眼树、五味子树等 200 多种，引进外来树种有桉树、相思树等 30 多种。

畜牧业 老城家畜饲养主要有猪、牛、羊，禽类主要有鸡、鹅、鸭。1950 年前，禽畜饲养都以传统的地方品种为主。1950 年后，不断引进各种优良品种。1979 年后，逐步由零星散养向专业户饲养转变。1990 年后，因开发建设征地，土地减少，产业项目增多，就业门路扩大，禽牧饲养逐渐减少。

2018 年老城镇畜牧业生产统计表

表 3

种类	计量单位	年初存栏量	当年出栏量	年末存栏量	劳役畜	繁殖母畜	当年生仔畜
猪	头	24462	66431	26563	0	3283	15838
牛	头	3873	1159	3771	2553	1976	930
羊	头	3133	6358	3294	0	1179	778
鸡	只	182681	395828	161055	0	0	0
鸭	只	150298	384923	127285	—	—	—
鹅	只	103878	987365	283893	—	—	—

工业 老城镇是澄迈县的新兴工业镇，也是琼北地区的主要工业基地。工业以海南老城经济开发区工业发展为主导，规模位居海南全省前列。2015 年年底，先后入驻老城经济开发区的企业有 1670 家。其中，软件园区企业 815 家，房地产企业 124 家。第二、三产业协调发展，自 2001 年以来，开发区内总产值、财政收入、固定资产投资等均以 20% 以上的幅度快速增长。随着开发区的开发建设，老城镇走出一条以工业化带动城镇化、城镇化促进工业化的“两化互动”健康发展路子。

2018 年，全区工业总产值 1234 亿元，生产总值 200 亿元，规模以上工业总产值 176 亿元。区内产值 20 亿元的项目有 4 家，产值（投资）在亿元以上的企业（项目）有 70

家。固定资产投资 218 亿元。

2018 年，全口径财政收入 39.38 亿元，税收总额 229.17 亿元。纳税 1 亿元以上的企业有华能海南发电股份有限公司海口电厂、海南中海油气有限公司；纳税 5000 万元以上 1 亿元以下的企业有澄迈华盛天涯水泥有限公司。年税收超过千万元的企业有 15 家，税收超百万元的企业有 108 家。地区生产总值占澄迈县经济的半壁江山，财税收入约占全县总量的 70%，助力澄迈经济实力跃居全省第三位。

商贸业

餐饮业 1950 年前后，老城、白莲只有几家茶店、饭摊，主要经营白莲白粿汤、海南米粉、腌薯粉、薯粉汤、粽子及各式糕点。1958 年，饮食业由老城合作商店经营。1980 年开始，个体饮食业恢复发展，各具特色风味别致的餐饮在老城竞相开业。2018 年，老城街头有米特餐饮、粤式糖水、甜品、冷热饮、扎啤、口味 100（全国连锁品牌）、老城四季康城概念饮吧、多美丽老城餐厅、亨美乐餐饮空间、森记港式甜品、街饮、港式水吧、四季咖啡、上岛咖啡、兰州正宗牛肉拉面店、百年传承清真美食、福建沙县小吃、银城茶艺馆、金优城茶楼、尚客来茶艺馆等各式各样的餐饮店。

供销合作社 老城供销合作社 1956 年成立，有职工 15 人。1980 年，发展到 120 人，拥有 20 间门市部。设有百货、副食、五金、生产资料、饮食门市部、收购站等。1970 年供销合作社销售总额为 120 万元，1980 年销售总额为 140 万元，1990 年销售总额为 200 万元，2018 年销售总额为 6536 万元。

新兴商场 1980 年，经济体制改革，出现许多私营新兴商场。至 2018 年，以经营传统工业产品类的百货、五金、土产日杂、生产资料、烟酒副食、手机等店面共 460 多家，经营农副产品大米门市部有 18 家，经营酒店、茶坊、美容美发店等共 340 多家。许多高品位的商行和超市也进驻老城地区，如香港周六福珠宝行、洪都购物中心、广安药品超市、源康堂药品超市、贝贝乐母婴用品超市、意尔康世界皮革品连锁店、四季商场、老城商业广场、澄江广场、晚安家居、骏群超市、家家旺超市。

食品站 老城食品站成立于 1952 年，有职工 15 人，其主要职能是负责生猪、鸡、鸭、鹅的收购、上调与销售。自 1983 年起，取消生猪派购政策，肉品随行上市。1991 年起，牲畜实行定点屠宰，统一由食品部门定点屠宰管理，老城 3 个食品站日宰生猪 36 头。2018 年，每日屠宰生猪 100 多头。

农贸市场 老城农贸市场每两天一个小集市日，每四天一个大集市日。老城、白莲、安仁、美亭4个相邻圩的大集日互相错开，四天中每个圩轮流一天为大集市日。1980年前，集市场所从通港路口直到老城粮所前。1996年，老城工商所在戏台市场东部建起面积为1050平方米的平顶市场，设有50多个摊位供摆卖肉菜类，东部一块空地供摆卖海鲜，南部一块空地供摆售淡水鱼等。

粮食管理所 老城粮食管理所成立于1958年（此前是粮站），主要职能是粮油征购、粮油供销、粮油加工与储运。2006年澄迈县粮食系统改制，老城粮食管理所解散。

社会事业

教育

老城镇教育历史悠久。罗驿村入村始祖李文英在南宋咸淳元年（1265）定居罗驿村，办私塾。明清时期，域内创办有秀峰书院（举人李金创办，私立）、天池书院（知县秦志道创办，官立）、景行书院（后改为景苏书院，知县唐耿创办，官立）和澄江书院（官立）。明成化年间（1465—1487），书院、社学及私塾同时存在，知县周泰在各乡共建有19所社学，大的自然村和殷实家族均创办学堂，学生入学年龄不限。老城自设为县治以来，历代从县令至乡绅均有捐资捐物创办学署、社学、义学者。据不完全统计，先后有14名知县、16名教谕（训导）和数十名乡绅捐款捐物兴建学宫建筑物共计18处。

从北宋至明末的600多年间里，先后从老城学署中培养出户部员外郎1名，州官13名，知县、县丞108名，教谕（训导）99名，主簿119名。

2018年年末，全镇有中学3所，小学21所，其中私立学校4所，有幼儿园26所，学生总数（含幼儿）14228人，教职员工（含幼儿园）1042人。

老城中心小学 创办于1943年，位于老城圩的大成殿旁。2018年，有学生1717人，教职工96人，18个教学班，学校辖区内适龄儿童入学率100%。校园总占地面积8800平方米，校舍面积3808平方米。学校设有仪器室、实验室、少先队室、多媒体教室、电脑室、体育室。

白莲中心小学 创办于1950年，位于白莲圩的东南部。2018年，有26个教学班，学生1257人，教职工78名。学校占地面积1.2万平方米，建筑面积7523平方米，运动场面积2500平方米。

马村学校 前身是马白山于1927年创办的马村少先小学。从1950起，学校由政府统一管理。马村中学创办于1975年，时为二年制高中班。1978年，改为初级中学，后因生源不足等原因停办。2001年，马村中心小学与马村中学合并称为澄迈县马村学校，属县教育局直管的九年制一贯教育学校。位于马村圩南部，占地面积约2万平方米。2018年，有学生412人，共9个班，其中初中部3个班106人、小学部6个班306人；有教职员工43人。

罗驿小学 初创于清光绪二十五年（1899），校名原为澄迈书院，更名为澄江高等学堂，后几经更改校名，名称先后为澄江高等小学堂、澄迈县立第二高等小学校、澄迈县第二高级小学等。该校培养出革命志士马秋江、解放军将军马白山等人，在科技、教育、卫生等领域里做出突出贡献的李独清等人曾在此校读书。1998年，学校占地面积1万平方米，体育运动场占地面积1300多平方米，总建筑面积1640平方米，其中三层教学大楼建筑面积1077平方米。有教师9人，学生265人，9个教学班。累计培养出5820名学生。2012年，由私人承办，更名为罗驿实验学校。

老城中学 前身为白莲农业中学，创办于1958年9月。1959年8月，改名为老城

澄迈县老城中学

农业中学。1968 年，改为澄迈县老城中学。校址在澄江河畔，占地面积 29284 平方米，建筑面积 20020 平方米，其中教学用房 8415 平方米。2018 年，有 22 个教学班，在校学生 1274 多人，有教职工 108 人。学校设施齐全，有运动场 1 个，篮球场 3 个，排球场 1 个。配有实验室、仪器室及图书阅览室。

白莲中学 创办于 1956 年秋，始建于罗驿村。时为澄迈县第四区小学的戴帽初中，校址位于今罗驿小学。1957 年 9 月，改为白莲初级中学。1968 年 9 月，改为完全中学。1971 年，学校从罗驿村搬到白莲圩现址。2018 年，有 17 个教学班，学生 760 人，教职员工 112 人。占地面积 69000 平方米，建筑面积 17584 平方米。学校有较完善的教学设施和体育场地。

海南省技师学院 2012 年 9 月 26 日，海南省技师学院老城校区在澄迈老城镇挂牌成立，为海南省第一家技师学院，填补了省内在职业教育领域的一大空白。

海南省技师学院（海南省高级技工学校）前身是海南区技工学校。为海南省人社厅直属的国家级重点中等职业学校，是全省中等职业教育领域的龙头学校、示范学校。学校分为府城、老城两个校区，占地面积 35.53 万平方米，建筑总面积 18.69 万平方米。2018 年，招生 3000 多人，在校生 10450 人，开设 43 个专业，有教师 300 多人。

老城镇教育基金会 2007 年成立。截至 2018 年，累计发放教育基金 349.04 万元，奖励和资助学生 2141 人。2018 年的助学活动中，共有 267 名学生得到奖励和资助，发放奖学金、助学金 41.3 万元。

白莲中学教学楼（2015 年）

海南省技师学院（2017 年）

老城卫生院（2017 年）

卫生

2018 年年末，全镇有 6 家卫生院和 31 家卫生室。共有医护人员 194 人，其中副主任医师 14 人，临床医师 26 人，助理医师 16 人，护士 81 人。医院拥有麻醉机、呼吸机、救护车等医疗设备，设有内科、儿科、外科、妇产科、医技科及儿童保健门诊计划免疫规范门诊等科室 58 个。全镇共有病床 218 张。

医院及卫生所 全镇 6 家医院中老城中心卫生院、白莲中心卫生院、马村卫生院为公立医院；澄迈同康医院、康华医院、老城镇社区卫生服务中心为私立医院。老城中心卫生院和白莲中心卫生院创建于 20 世纪 50 年代，是老城地区的主要医院。

20 世纪 70 年代，老城镇各大队均设有合作医疗站，乡村卫生事业兴盛。1998 年，私人开始兴办乡村卫生所。

农村合作医疗 2010 年，全面实行新型农村合作医疗制度。2018 年年末，老城镇共有 45587 人参加新型农村合作医疗，其中参加城镇医疗 2579 人，参加农村基本养老保险 47008 人。每人每年缴费 90 元，可享受住院医疗费报销 50% ~ 70%，大病可获得政府补助或免缴费用。

文化

老城为全县政治、经济、文化中心，深得儒家文化、谪臣文化等各种文化熏陶及滋养，民歌、民谣、琼剧、故事、传说、教子贤文、村规民约等乡土文化、群众文化根深叶茂，繁花似锦。

2018 年，全镇有文化活动中心 9 所，舞场 3 个，文化专业户 6 户，图书馆 2 座，各类文化体育场馆 8 处。有镇级综合宣传文化站 1 个，藏书 3000 册，其中电子阅览室配备 10 台电脑。全镇共有农家书屋 18 所，藏书量 100 多万册。

自清道光年间（1821—1850），老城就出现多个乡村琼剧社团组织。如今，各种文艺团体、歌厅舞场不断涌现，为老城文化的发展锦上添花。

琼剧团体

琼顺班　清道光年间（1821—1850）由大场村白玉娃首创。不仅在岛内享有盛名，而且直至广东雷州半岛、广西沿海地区和东南亚等地均深受欢迎，名噪一时。

古城楼戏社　清咸丰年间（1851—1861）由陈家持创办。陈家持扮演小生，唱做皆优，深受观众欢迎。

老城乡情琼剧团演出（2014 年）

德字科班　1930 年年初创办。大场村王氏祠堂设立德字科班戏馆兼教学徒，最多时有 90 人。德字科班编制为 2 个剧团，一个是以大场人为主的大场德字科班，另一个是以道辅人为主的妙青班。大场德字科班 1932 年创办，班主是大场村人郭天华。主要演员有小生林树政、德文二人。妙青班 1932 年创办，林德生为班主兼导演。1953 年解散。

道辅琼剧班　1935 年，道辅村人谢德和组建，自任班主兼鼓师。1939 年 10 月至 1945 年 8 月停演。20 世纪 50 年代进入盛期，全班 40 人。

拔南村业余琼剧团　20 世纪 50 年代初为配合“土改运动”，拔南村成立业余琼剧团，演员全部为女性。

老城乡情琼剧团　2010 年成立，系民间业余琼剧团。林成运、冯厚民先后任团长。

老城镇主要琼剧艺术家、演员名表

表 4

姓名	性别	生卒时间	籍贯	扮演角色	荣　誉
白玉娃	女	1799—1860	大场村	工青衣	真名失传，被誉为“倾城旦”，是第一批远涉海外演出的艺人之一
蔡长文	男	1829—1911	老城人	工小生	参与演出的剧目近百部
王昌吉	男	1887—1937	潭才村	工小生	1930 年，曾随班赴新加坡演出，后在德字科班任教
萧德凤	女	1902—1973	老城村	琼剧花旦	20 世纪 30 年代一度走红，在岛内外享有盛誉
林德生	男	1907—1969	道辅村	工小生	参加道辅村妙青班，后来担任妙青班班主兼导演。其长子林泽川、长孙女林红皆为琼剧名伶，堪称“梨园世家”
林泽川	男	1939—	道辅村	工小生	林德生长子，1960 年在澄迈县琼剧团当演员
林树政	男	1926—2010	大场村	工小生	1932 年参加大场德字科班当主演
李业跃	男	1931—2017	罗驿村	演奏员，戏曲音乐家	中国音乐家协会会员，曾任广东省音乐家协会理事、海南音乐家协会主席、海南歌舞团副团长、艺术学校校长，高级讲师、职业演奏员，戏曲音乐家
黄丽蓉	女	1936—	道辅村	工花旦	县益友琼剧团主演
李和平	女	1945—	大场村	工青衣	澄迈县琼剧团主演。1980 年荣获“百花奖”演员一等奖；1983 年获广东省优秀青年演员奖，海南省首届琼剧电视大奖赛一等奖
刘琼玉	女	1945—	大场村	工青衣	海南省戏曲家协会会员。1993 年参加全省文化干部文艺比赛，获优秀奖

文化团体

农村文艺宣传队　“文化大革命”期间，各种文艺宣传应运而生，老城地区农村较有代表性的文艺宣传队有东水村八音队、罗驿村毛泽东思想文艺宣传队、拔南村文艺宣传队、道辅村毛泽东思想文艺宣传队、大场村毛泽东思想文艺宣传队、玉堂村毛泽东思想文艺宣传队。宣传队的主要任务是跳“忠”字舞、唱毛主席语录歌曲，编排节目，演革命样板戏和现代琼剧，为社员群众演出。

东水村八音队　八音是指以匏、土、革、木、石、金、丝、竹八种主要材料做成的乐器，分打击乐、吹奏乐、拉弦乐 3 种。1925 年，东水村林照成挑选 30 名八音爱好者组成八音演奏乐队，乐队主要用于婚丧嫁娶、庆典、春社喜庆时。1966 年，八音队自行解散。

史志编纂　截至 2018 年年底，老城镇出版村志（史）3 部，分别为《马村志》《文大村志》《罗驿村史馆》。

《马村志》 2002 年 6 月海南出版社出版发行。全书 22.5 万字，主编马家琳，副主编马汉森、马家才、马必前。全书由地理、革命斗争、村政建设、经济建设、社会生活、文化教育、人物和附录 8 篇组成，详细地记述了马村的古往今来、沿革变迁、全面反映马村的人文地理、政治经济、社会发展、文化教育等情况。

《文大村志》 2009 年 11 月海南出版社出版发行。全书 25 万字，主编曾维，副主编曾坚、曾繁茂、曾德新。全书由大事记、地理生态、政治生活、革命斗争、经济建设、社会生活、文化教育、祖源、人物和附录 10 篇组成，详细地记述了文大村的古往今来、社会演变，全面反映文大村的政治、经济、人文地理、社会生活、文化教育等情况。

《罗驿村史馆》 2011 年 6 月完稿。全书 4.5 万字，罗驿村史馆编纂委员会编。全书由村史馆介绍和 5 个部分组成。第一馆“古村风采”、第二馆古代馆“先贤踪迹”、第三馆现代馆“人才辈出”、第四馆文化馆“翰墨飘香”、第五馆革命史馆“红色丰碑”。全书从不同的角度记述罗驿村的古往今来、社会变革、政治经济、人文地理、文化教育等情况。

体育

群众体育　20 世纪 50—60 年代，老城群众体育活动较为活跃。群众在农闲时经常集中训练，参加农村节庆举行的比赛。也有联村发起友谊赛或球艺献技活动，球艺献技包括花样比赛，还有举行投篮、跳绳、俯卧撑等小项目比赛。2018 年，全镇范围内大的自然村基本都建有水泥篮球场、排球场和灯光球场，共有篮球场 36 个。1999 年马村获海南省文化广播体育厅颁发的“环岛文化长廊达标单位”荣誉称号。秧歌队组建于 1951 年，曾获省级比赛金牌 1 枚、省级优秀奖 1 次。

老年体育 20世纪80年代，各村相继成立老人体育协会，并建起老人活动场所，活动项目有乒乓球、象棋、麻将、太极拳、太极剑等。有商业性质或群众自发组织的健身舞场、中老年健身舞蹈队。

龙舟赛 东水港村龙舟队多次参加各类比赛，曾经荣获全国第四名、全省第一名的优秀成绩。海南老城开发区龙舟队组建于2007年，队员由来自东水港渔民及打工在外的青年爱好者组成。每年都代表澄迈县参加县和各地组织的龙舟比赛，并多次取得好的成绩：2012年第四届海南省体育运动龙舟赛获第一名；2012年中国龙舟公开赛（澄迈站）获第四名；2013年中国龙舟公开赛（澄迈站）获第六名；2013年"万宁杯"海南省龙舟公开赛获第一名；2014年中国龙舟公开赛（澄迈站）获第四名；2014年"万宁杯"海南省龙舟公开赛获第二名；2015年中国龙舟公开赛（澄迈站）获第七名；2015年"万宁杯"海南省龙舟公开赛获第二名；2016年中国龙舟公开赛（澄迈站）获第七名；2017年"万宁杯"海南省龙舟公开赛获第二名。

居民生活

收入支出 1950年以前，老城地区较为贫穷，生产工具、生产资料、生产技术等各方面都很落后，收入少，生活艰苦，每天只能吃三顿稀饭，条件好的富裕地区，粮食也欠缺几个月，要配以番薯、高粱、玉米、芋头等。如遇灾荒之年，要靠上山采野菜、挖山薯、捞海菜充饥。

20世纪60—70年代，老城走公社化集体道路，条件较好的生产队每人每年分得口粮约300千克谷子，现金每个劳动日0.8元左右。条件差的生产队每人每年分得口粮约200千克谷子，现金每个劳动日0.1～0.5元。经济收入少的年代，衣服和日常生活用品、副食品等都实行票证分配，消费水平也很低。

20世纪80年代，随着经济体制改革，农民解决了温饱问题。20世纪90年代，村

老城社区新街——通港路（2015 年）

民一日三餐有鱼有肉有菜，主食丰盛。随着生活水平的提高，农民生活消费开支也增加很多。1988 年，老城人均年收入 453 元，1998 年人均年收入 2176 元，2014 年人均年收入 10943 元。进入 21 世纪，年人均食品现金消费从 2005 年的 958 元增加到 2011 年的 1844 元。2018 年，老城镇常住居民人均可支配收入 21055 元，人均支出 16071 元。

衣食住行

民居 老城旧舍多为清代留下的房屋，大部分为古石屋。建筑取材：用大方块石或小块片石加上泥浆筑墙；用优质的木材做柱，做檩条、做桷的为杉木；屋顶是采用河瓦盖迎瓦复合结构，用石头压顶。只有少数有钱人家用石灰抹墙。

建房大小分 11 瓦垄、13 瓦垄、15 瓦垄、17 瓦垄。房屋一般为石墙瓦顶、石垫木柱檩条桷，厅堂左右两边用木板间隔，几乎都是一间三格。分为一厅两房，厅堂后方有公桌，设香炉，后上方设神龛，放置列祖列宗灵牌。左右两侧为卧房。横屋建在主屋的两边或后面，一般为厨房或柴房、草房。

1950 年以后，农民生活并不富裕，再加上建材短缺，木材、水泥、钢筋等实行分配、审批，新建扩建房楼的农户不多。20 世纪 80 年代开始，农民收入逐年增多，一般农户都建起 13 或 15 支檩条的四面墙新瓦房，人均住房面积为 20 平方米。

2000 年以后，全镇有 60% 的农民建起二层以上楼房。楼房为框架钢筋混凝土结构，套间式（客厅、卧室、厨房、卫生间），墙体用水泥防潮涂料、瓷砖涂贴。用铝合金或坤甸木、黑盐木等高级材料做门窗。庭前院后铺筑瓷砖，向城市化发展。85% 以上的居民盖起 2 ~ 3 层的楼房，装修精致，设计新颖。墙面用水泥、涂料，地板铺瓷砖或大方块石砖，建起户厕，卫生条件有所提高。2018 年，人均住房面积 30 平方米。马村、老城、白莲还建起保障楼房，一大批住房困难的家庭得以安居。

老城渔民在 1950 年以前世居草寮茅屋。1950 年后，有 20% 的渔民开始建起瓦房。1980 年，渔民原来居住的草寮茅屋全部被淘汰，陆续建造钢筋水泥结构的楼房。截至 2018 年，建造二层以上楼房的渔民占 90%。

服饰 民国以前，村民多穿自织自染为主的大襟宽袖麻布衣，宽头麻布裤，衣料粗糙。这种土布衣服结实、耐磨。男性穿大襟四袋汉衣、土布对襟唐装；女性穿士林蓝、大封黑或富丝布缝制的纽扣于右侧腋下的右开襟衣。富有家庭的男女穿着讲究，夏季穿绸缎点梅纱丝，寒冬季节穿呢绒大衣、棉袄。男孩留囟门毛发，女孩留对辫。年轻女性剪时髦短发，老年妇女编独辫。农户人家出门戴顶尖藤笠和竹笠，晴天光脚下地干活，雨天穿蓑衣，当地人称“妈蓑叶衣”，是用一种不容易烂的草（民间叫蓑草）编织而成。

民国以后，公务人员穿灰色或蓝色中山装，绅士、长者穿长袍马褂。人们的穿着仍是十分简单朴素，大部分贫苦人家穿着单薄，外出远路挑担谋生的人多穿草鞋、趿木屐、戴毡帽，女性包头巾。不少人穿的衣服是一身补丁。

1950 年以后，农民多穿唐装，戴解放帽、草帽或斗笠，穿木屐。20 世纪 60—70 年代，春夏季节穿背心，穿各式各样的衬衣、西裤。年轻女性穿列宁装或西裤、印花衬衣；

竹笠、蓑衣

秋冬季节多数男性穿灰色或深蓝色中山装、剪制列宁装、青年装、干部装。一般布料为斜纹布，好的布料为华达呢、咔叽、的确良。脚穿解放鞋、黑布鞋、球鞋、“劳动鞋”。因布料供给紧缺，要凭证买布。

20 世纪 80 年代后，一般农民春夏秋冬的服装都备有几套。特别是青年人，秋冬季节身着皮夹克、西装、风衣，脚穿运动鞋、皮鞋；女性身着各种连衣裙或流行的套装，品种繁多，颜色多样。2010 年以后，家家有棉被、毛毯、蚊帐，富有人家床上的被褥较高档，用的是高级丝绵被、毛毯、丝绵被褥等。

饮食　1950 年以前，村民平时每天吃三顿稀饭，菜以咸菜为主，有萝卜干、芥菜、冬菜、芋头梗、虾酱、鱼汁、豆豉等。农民经常到小溪、河沟、田间、海边捕鱼、抓蛙、捞虾、捉蟹、挖沙虫作为伙食补充。老城地区水田少，一年产的稻谷只供 3 个月吃。主食以番薯为主，搭配高粱、玉米、芋头等。

1950 年以后，农民生活水平有所提高。20 世纪 80 年代以后，随着经济体制改革，农民解决了温饱问题。20 世纪 90 年代，村民一日三餐有鱼有肉有菜，主食丰盛。人们的饮食开始追求特色，讲究天然、健康，消费趋于多样化。当今物质丰富，食品多样，餐桌上的食物可以根据自己的口味选择，农民家庭几乎天天离不开新鲜的蔬菜、肉、鱼、蛋、鸡、鸭，还备有饮料、牛奶、水果、茶等。

2018 年，居民饮食不再追求大鱼大肉，而是更讲究食物的营养搭配。饮食消费也有了变化，除在家准备的日常饭菜外，节假日或待朋接友时还常到餐馆聚餐，消费结构从原来食品支出占家庭总支出的一半以上，下降为占总支出的一半以下。

出行　中华人民共和国成立前及成立初期，老城一带居民出入多步行，运输靠人力肩挑与畜力牛车。沿海村民出行靠船只摆渡。20 世纪 70 年代末，人们出行主要靠自行车，出远门的人乘汽车。20 世纪 80 年代，乡村道路已四通八达，部分人开始购置摩托车，农村居民出田劳动和运送物资多靠拖拉机。

1990—2018 年，城镇化建设加快，公路建设进入高峰期。开通的公路有老城至马村电厂 11 千米沥青路面的金马公路、老城开发区“五纵八横”水泥道路、政府的“通达工程”“畅通工程”，每个自然村都铺设水泥道路。摩托车、电动车、三轮摩托车普及农民家庭。20% 的农户有四轮农用车，小轿车也逐年增多。

社会保障

全镇加强和完善社会保障制度，积极做好五保供养、扶贫、帮困工作。一是对五保户和农村社会最低生活保障户发放五保和低保资金。二是对特困户、优抚对象、残疾人、受灾群众进行优抚、帮扶。三是实施医疗救助。四是切实推进全镇新型农村合作医疗工作，参保率达 99%。2018 年，参加新型农村合作医疗人数 45587 人。五是在全镇继续实施新型农村养老保险工作。

社会救济 老城镇 2018 年城市低保人数为 60 户 120 人，发放救济款每人每月 530 元。2018 年，老城镇农村低保人数为 186 户 392 人，发放每人每月 355 元，发放救济款 13.9 万元。为落实国家有关政策和规定，做好五保户的吃、穿、住、医、葬工作。2018 年，五保供养 190 人，发放供养金 11 万元。2018 年，全镇优抚农村退伍老兵 69 人，发放每人每月 280 元；烈属优抚对象 143 人，发放每人每月平均 290 元；另外资助困难学生 75 人，为 3208 人发放高龄补助。

医疗、养老保险

医疗保险 2018 年，参加城镇医疗保险人数 2395 人，参加新型农村合作医疗人数 40816 人。

养老保险 2018 年，全镇 61 个村（居）民小组共 46396 人纳入被征地农民参加社会养老和老年生活保障的范围，61 岁以上村民共 6331 人享受了被征地农民养老生活保障金。参加城乡基本养老保险的有 12738 人，其中城镇参保人数 1561 人、农村参保人数 11177 人。

大病医疗救助 建立以资助城乡医疗救助对象分别参加新型农村合作医疗或城镇居民基本医疗保险、大病医疗救助、门诊救助、临时救助等方式相结合的“四位一体”城乡医疗救助体系。推行贫困患者“先诊疗后付费制度”。贫困患者在县域内定点医疗机构住院无须交押金，其所发生的医疗费用由医院垫付，个人只支付自付部分。新农合报销、大病保险、医疗救助和兜底补助实现“一站式”即时结算。2018 年，老城镇大病救助人数 49 人，救助资金 17.1 万元。

扶贫脱贫 老城镇贯彻中央精神，打好脱贫攻坚战。通过调查摸底，对贫困户建档立卡，有计划地进行扶贫脱贫工作。2018 年，全镇有贫困户 122 户 467 人，通过利用扶贫专项资金、提高扶贫产业化、技术培训、转移就业脱贫等措施，帮助 103 户 415 人脱贫。

危房改造 2018 年，全镇危房改造任务 130 户，其中建档立卡的贫困户 14 户。完成动工的 117 户，竣工的 80 户，其中 14 户贫困户的危房改造全部完成。

盈滨半岛的早晨

古镇风貌

老城设县治有1288年的历史，镇内有众多的文物古迹。古港口、广德桥、通潮阁等留下了苏轼等一批古代名臣南来入琼的足迹；永庆寺、老城文庙、李氏宗祠、冯氏大宗祠等历史悠久的寺庙宗祠，彰显老城古镇的历史文化；丘濬母李夫人墓、冼夫人衣冠冢、宋代冯氏古墓群，记录着望族世家与老城的不解之缘；数目众多的古牌坊、古塔、碉楼，凸显明代以后老城推广封建伦理教化之氛围深厚及开化程度；古村中别具风格的火山石古建筑、古澄迈八景，记录下老城特色鲜明的古城风貌。

隋大业三年（607）澄迈县立县之日起就在老城建署衙，经历数个王朝的兴衰更迭。特别在唐、宋、明和清初时期，老城商船云集，贾商纷至沓来，朝官频频登岸，经济发达，文化繁荣，人口繁盛。主街道两侧店铺林立，镇内老街铺设的青石板至今犹存。古城、古殿、古街、古村、古码头、古渡口、古建筑、古景点，记录县治古城的文明。

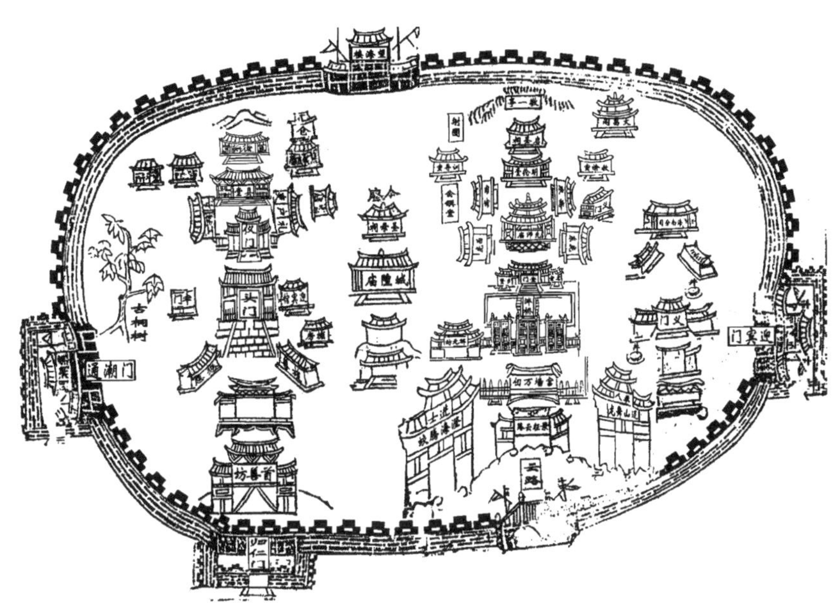

清康熙十一年（1672）前澄迈县治布局图（原载康熙《澄迈县志》）

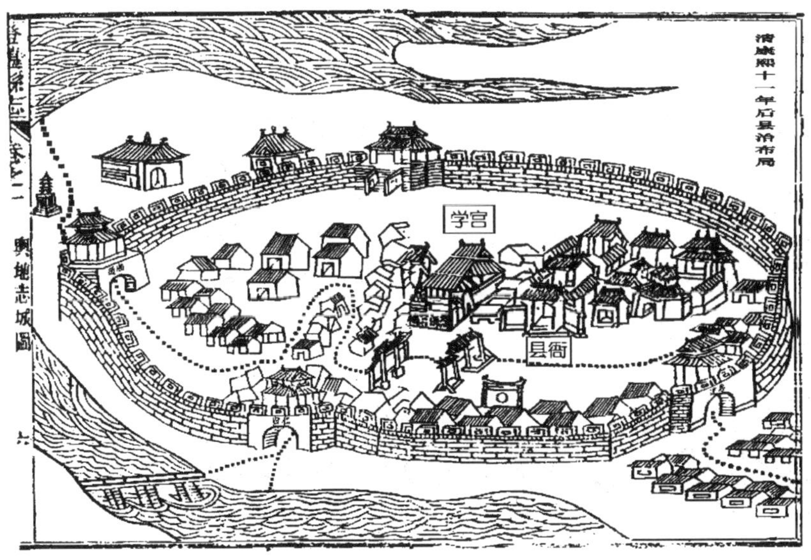

清康熙十一年（1672）后澄迈县治布局图（原载嘉庆《澄迈县志》）

寺庙祠墓

永庆寺

永庆寺为琼北名寺，始建于北宋时期。北宋绍圣四年（1097），苏轼渡海到海南，夜宿老城驿通潮阁，游永庆寺时，为此处美景所陶醉，欣然作诗云“幽怀忽破散，咏啸来天风”。后经历代扩建，永庆寺为澄迈县古时规模最大的佛教寺院。明代名贤曾沂曾以《永庆丛林》为题赋诗：“梵宫森植有丛林，苑翳虬盘院宇深；四际不闻钟鼓响，在中只见影阴阴。”永庆寺充满传奇色彩。

清光绪十八年（1892）因地震，永庆寺被毁。2001 年 4 月，鲁能集团海南永庆文化旅业有限公司谋划筹措重建永庆寺。新建的永庆寺位于老城镇盈滨半岛度假区，占地面积约 5 万平方米，建筑面积约 9200 平方米，是国家 AAA 级旅游景区。2008 年，当代中国书画、楹联名家齐集老城镇，为永庆寺量身定做了 20 多幅楹联，成为一次文化盛举。2009 年 4 月 22 日，永庆寺开光迎客。

大雄宝殿内供奉的释迦牟尼佛像（中）、药师佛像（左）、阿弥陀佛像（右）（2015 年）

永庆寺仿“伽蓝七殿”格局宋代建筑风格修筑，布局和谐，殿宇高广，庄严瑰丽。五间长的山门，青琉璃瓦覆顶，雕梁画栋，中门高悬的匾额上竖写的“永庆寺”3个金色大字，显得十分壮观。进入永庆寺后，两侧是钟楼和鼓楼，首进的殿堂是天王殿，再往前是大雄宝殿。大雄宝殿四周还建有观音殿、文殊殿、普贤殿、地藏殿、藏经阁、方丈室、禅堂。各殿主尊佛像重约17～19吨。全寺供奉着大小玉佛像42尊，均采用整块缅甸白玉精雕细琢而成，莹白光润，法相殊妙，实属罕见。永庆寺是供奉缅甸白玉佛像最多的寺院。

大雄宝殿 大雄宝殿矗立在寺院广场中央。高23米，建筑面积1200平方米，建在1.6米高的石基上，朱色的檐柱、青色的瓦面、蓝色的花雕檐，五彩斑斓，重檐飞翘，雄伟壮丽。大雄宝殿是整座寺院的核心建筑，也是僧众朝暮集中修持的地方。大雄宝殿内供奉的释迦牟尼佛、药师佛、阿弥陀佛三尊佛像，每尊高约9米，重达30多吨，是国内罕见的玉佛。

钟鼓楼 钟楼和鼓楼是外表相同的建筑物，位于永庆寺两侧，楼高两层，是四面开放的亭廊式建筑，青色琉璃瓦，为四角斜屋顶的丛林造型。

大雄宝殿（2015年）

天王殿（2015年）

天王殿　天王殿是进入寺内的首进殿堂，结构高大，气势恢宏。殿内供奉的是弥勒佛像。弥勒佛像两侧站立的是身躯魁梧、威风凛凛的四大天王。他们是佛教的护法天神，使佛法不受干扰或侵犯。

藏经阁　藏经阁又称法堂，是寺院讲经说法和藏经的场所。位于大雄宝殿后面，为歇山重檐式双层楼阁，高14.4米，两层总面积864平方米。一层正中央供奉的一尊卧佛像由整块缅甸白玉精雕而成。玉佛精美华贵，庄严殊胜，玉清底白，富有灵气。二层藏有多种经书，文、史、哲各库经典。其中有《大

藏经阁内部

藏经阁外景（2015 年）

藏经》、《金刚经》、“二十四史”、《全唐文》等重要文献，还有金石、绘画、书法、建筑、雕塑等中华文化诸多门类的学术典籍。

观音殿 位于大雄宝殿东侧，为重檐歇山顶式结构。殿堂高 8.9 米，建筑面积 138 平方米。殿内供奉一尊以缅甸白玉雕琢而成的千手千眼观音菩萨像，观音菩萨面庞圆润慈祥，低垂双眸慈视众生。

文殊殿 位于观音殿北侧，高 8.9 米，建筑面积 138 米，整个殿堂呈现着圆满清净、无染无杂、澄澈定静的礼敬气氛。殿内供奉的是文殊菩萨像，文殊菩萨坐乘宝狮，脚踏莲花台，手持如意。

普贤殿 位于大雄宝殿右后侧，与文殊殿相对称，其外形与文殊殿基本一致。殿内供奉的普贤菩萨像由缅甸白玉精雕而成。普贤菩萨颜貌沉静，头戴宝冠，坐乘六牙白象。菩萨双手持青莲花，表示悲悯众生之贫苦，欲用如意打破众生悭贪之业，并予众生如意宝之法乐。

地藏殿 位于大雄宝殿右侧，与观音殿相对称。殿内供奉的地藏菩萨像由缅甸白玉雕琢而成。地藏菩萨左手持明珠，右手执锡杖，莲台下方的金刚座刻有六道图案，喻意其以“金锡振开地狱门，明珠照彻天堂路”的力量，往返六道之中，救拔一切地狱众生出离苦海。

地藏殿（2015 年）

澄迈文庙

又称澄迈学宫。位于老城镇小学西部。大成殿是文庙的主体建筑，因立“大成至圣先师孔夫子”而得名，当地人称圣殿。南宋宝祐三年（1255），县主簿纪应炎提倡建澄迈学宫。南宋咸淳元年（1265），将领李才卿将旧学宫加以改造，扩大规模，其建筑包括戟门、中门、大成殿、尊经阁、东庑、西庑以及前庭、泮池等等，设施齐全。历经宋、元、明、清各代修葺，至清光绪三十三年（1907）重修定型。抗日战争时期，老城文庙遭受严重损坏，仅存戟门、大成殿和东西庑殿。

修整前的大成殿（2012 年）

修整后的大成殿（2015 年）

大成殿内的楠木顶梁柱

2013年，修复了棂星门、泮水和泮桥、大成门，大体恢复了老城文庙的历史面貌。大成殿面宽五间共20.52米，进深三间共10.82米，重檐歇山顶。重修后的大殿更加完整壮观。大成殿建筑面积355平方米，四周走廊宽1.84米，殿前殿后各有6根方形石柱，殿内梁檐门窗雕刻着飞龙走兽，正面匾额楷书大字“万世师表”“生民未有”“与天地参”“圣集大成”，楷书靓丽，刚劲有力。大成殿筑围墙高4米。殿前设左厢礼门和右厢义门，中间设状元门。

殿前月台　宽14.10米，深1.07米，高1.04米，三面用石雕平砌，都设有台阶。正面石阶中间有双龙戏珠浮雕陛石，角立狮子石雕，月台的须弥座束腰有八块以“暗八仙（即以八仙所持道具为象征）”为题材的精美石刻图案。整个大殿的框架是由内外44根柱子支撑，除了2根中柱是木质外，其余的42根是方形石柱，高6.67米，宽0.36米。柱子下面垫有60厘米的石础，每根石柱顶端都有供木质横梁接合的榫槽，石木之间的衔接十分严密，没有一个榫头松动或变形。殿中由2根粗可合抱的楠木圆柱支撑着大殿的主梁。立柱高8.84米，直径约0.47米。双龙浮雕陛石、巨型楠木立柱、精美束腰石刻称得上是老城文庙三宝。

大成殿月台“暗八仙”图案石雕

下马碑　立在老城文庙前的下马碑是与文庙同时期的建筑物，碑高 187 厘米，厚 16 厘米，宽 36 厘米，石料为麻石，碑正面阴刻“文武官员至此下马”8 个大字。

立在澄迈文庙前的下马碑（2018 年）

双龙浮雕陛石

双龙浮雕陛石 殿前台阶正中浮雕陛石上有双龙戏珠图案。陛石长 2.44 米，宽 1.02 米，整块浮雕精雕细琢，双龙栩栩如生，升腾而上，图案清晰可辨，是海南省现存罕见的龙雕精品。

远观笑狮

笑狮 大成殿门口有一对笑狮，是与大成殿同时期的古建筑物。笑狮神态悠然，喜眉笑眼，虽然狮子体形不大，却不失为吉祥神物。两只狮子为坐姿，两只前脚撑在座台上，扬头互视，笑脸相对。狮身长 27 厘米，高 27 厘米，宽 22 厘米。狮座为两个石墩，立在台阶下端。狮座高 58 米，宽 26 厘米，长 27 厘米，座面为方形。

大成殿须弥座石台（摄于 2015）

须弥座石台 位于大成殿内靠后墙正中，是大成殿原始建筑的附属物之一，原用于安放孔夫子神像和祭品。台高 1.32 米，长 2.39 米，宽 1.38 米。石台正面束腰上雕刻一幅龙图，该龙正面盘坐，龙头正对大门，双目圆睁，威武庄严，让人产生一种敬畏之感。

木雕 老城文庙现存的殿宇、梁坊、檐板仍保持原有风貌。梁头嵌镶有精雕细刻的木雕，雕刻题材既有代表中国传统文化的“鱼跃龙门”，也有海南地方特色的人物嬉戏图，构图简洁，线条流畅，人物传神，活灵活现。横梁的枕木上正反两面各有一幅人物图案，展示一个美满的家庭：幼儿支颐卧在牛背上抬头看天；丈夫双手抱膝，坐在牛头前的一块巨石上；妻子站在牛身后，一手执鞭一手抓着一只动物。夫妻二人都看着牛背上的孩子，表情恬淡从容。

石雕 大成殿内外的顶柱、走道、殿前月台、台阶陛石等都有精美的石雕。石雕的图案有飞禽走兽、龙腾凤舞、芳草碧树、鸟语花香等。

柁墩瓜木兑抬梁上的木雕

“鱼跃龙门”木雕

“马上封侯”木雕

大成殿的石雕集锦

关圣庙　又称关帝庙。位于通潮门外，占地面积约 2000 平方米。据康熙《澄迈县志》记载，澄迈县关圣庙为明代澄迈知县唐起宾所建，喻效龙修葺。明万历年间（1573—1620），知县曾拱壁重修。清康熙二十四年（1685），知县吴世焜捐俸重建；康熙四十八年（1709），知县高魁标捐俸重修大殿 3 间、大门 3 间。此庙为琼北地区朝拜关公的地方，庙堂经历不断扩建与修葺，成为岛内建造最早、规模最大的庙宇之一。

关圣庙在“文化大革命”期间被拆，仅遗存零星石墩、石柱。关圣庙遗址坐落于今老城糖厂西侧，坐北向南，面向澄江，北靠老城高地。1980 年，老城村民集资购老城食

老城关圣庙

品站住地，重建关圣庙殿堂3间，供奉关圣帝君、真武大帝、伏波两将、天妃婆祖、观音菩萨、昌化老爷神位。

东水港村天后庙　东水港上港天后庙于1915年由富书村（东水港邻村）罗姓渔民始建。后来富书村划归东水港村委会，故一直沿称东水港村天后庙。

东水港村天后庙位于东水港防洪堤大路南端大海岸边，坐南朝北，面向大海。三间两进建筑格局，大门上方为“天后庙”匾额，两侧刻有楹联“天相占术，辅国护圣庇民；后宫海神，赐德施恩呈祥”。二进大殿殿堂上端坐着大婆、二婆、三婆3尊木雕神像及班师侯王神像、金童玉女、顺风耳、千里眼像。大婆、二婆、三婆神像原来都是天后圣娘像，后历经政治运动，天后圣娘神像几经被毁坏，民众则几经重雕，故保留下此3尊不同时期雕刻的神像，俗称婆祖、妈祖。2011年、2012年，村中民众捐款70多万元用于迁走民房3间、扩大庭院和筑建庭院大门。扩建的庭院从庙堂延伸至海堤大道边，面积约1200平方米，地面全铺瓷砖，两侧绿化；庭院大门前两侧蹲立着两只石狮子。2012年，东水港村天后庙被海南省人民政府授予海南省非物质文化遗产保护单位。

海南省非物质文化遗产——天后祀奉

东水港村天后庙（2015 年）

天后庙内堂

天后庙庙会（一）

天后庙庙会（二）

天后庙香火旺盛，每逢正月初二、十五，五月初五，八月十五，家家户户都备足物品到庙里跪拜，祈求合家安康乐业。三月二十三为天后圣娘诞辰日，当日，四邻八村亲戚朋友相约前来，家家户户设宴待客，形成规模逐年增大的盛大庙会。据统计，每年都有约 8000 人参加庙会，其中参加庙会人数最多的是 2012 年，约 12000 人。

李氏宗祠全景（2015 年）

李氏宗祠 李氏宗祠坐落于罗驿村东南部。清雍正元年（1723）初建，宗祠坐北朝南，为三进三间的四合院式布局。木石结构，其梁架、木雕、石刻、彩画都具有鲜明的清代建筑特色。宗祠规模为琼北地区少见。宗祠共三进，每进五帖屋，均配有雨廊和厢房。宗祠整体占地面积近 7000 平方米，建筑面积 1900 平方米。大门外的石狮神态威严，象征着五岳朝天的山墙，大气磅礴。1919 年，澄迈县立第二高等小学校迁到宗祠内。

李氏宗祠山墙

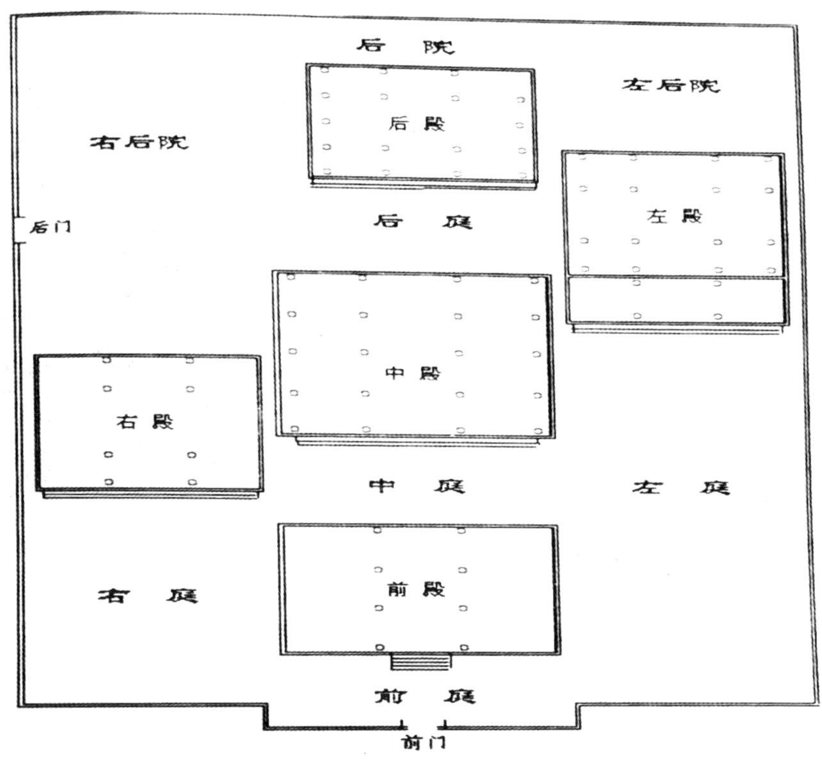

冯氏大宗祠布局图

冯氏大宗祠

冯氏大宗祠位于老城镇石磜村，建筑时间不可考。祠堂坐向西北，为木石结构瓦房，单屋飞檐歇山式屋脊，脊雕龙翘角，单式斗拱，雕梁画栋。殿堂立柱瓜状雕饰，横梁团花雕饰，廊庑梁檩龟头雕饰，镂空木花雕刻，工艺精湛；山墙彩绘，技法精美。冯氏大宗祠面宽 36 米，纵深 44 米，面积 1580 平方米。主要建筑呈三路三进布局：中路是主体，有大门、前殿将军第、中殿谯国殿、后殿始平堂，左路有左殿夏阳侯庙，右路有右殿出嗣堂。整座院落形成一个布局严谨、主次分明、庭院宽敞的格局。

冯氏大宗祠大门 位于宗祠的正前方。整座大门建筑是一面土形硬山式风火墙，顶脊水平，呈三级山峰状，墙厚 0.6 米。顶脊两端立起镂空的“祥云绕门”灰雕，脊裙线状灰雕。门洞宽 1.37 米，高 3.24 米，门楣呈半圆形。门额上镶嵌的石匾宽 0.92 米，高 0.37 米，边框条石装饰。匾上阴刻文字，中横书“大宗祠”，两旁直书，写有“光绪甲申年壬申月己酉日乙丑时重修”。大门造型简古端庄，气势雄浑豪迈。

镶嵌在额门上的“大宗祠”石匾

一进房将军第　宗祠前殿。面宽三间共 12.78 米，进深 8.5 米，采用十三架四柱构架，柁墩瓜棁抬梁，山墙承桁，三间全部为卷棚式檐廊。屋内波罗蜜格圆木柱，檐廊方体条石柱，八角碇山墙，中间为厅堂，两侧为厢房，以石墙分隔而成。前门宽 1.3 米，高 2.31 米，门叶两扇，门额上的石匾镶嵌在墙中，阳刻“将军第”3 个字，门联阳刻“大

一进房将军第（2018 年）

树遗徽基开石礩，澄江衍派绩焕金华”。后门宽 3.42 米，高 2.48 米，门叶六扇，门额木匾，阳刻“奕世藩昌”（已破损，仅存下面小部分）。

二进房谯国殿　宗祠中殿。面宽三间共 12.66 米，进深 10.35 米，采用十五架五柱构架，柁墩瓜棁抬梁，内势通堂木柱承桁，八角碇山墙，卷棚式檐廊。屋内波罗蜜格圆木柱，檐廊方体条石柱。厅房均为 15 檩木、15 垄瓦，柱梁雕刻有各种花卉、动物、人物图案，殿正堂设殿台，供奉冼夫人和冯宝金身塑像。殿前檐为雨廊高台，台高 0.3 米，台前全长三级石阶。前门为通间宽门，宽 3.72 米，高 2.13 米，门额上悬挂“谯国殿”木匾。楹联为“冯公平蛮威名显，冼氏治顽德泽洪”。廊东侧悬挂一口铁钟，西侧架有一只皮鼓。中庭面积 72 平方米。殿后墙左侧开一个小门通第三进房。

二进房谯国殿（2018 年）

谯国殿中的冼夫人和冯宝金身塑像（2018 年）

三进房始平堂　宗祠后殿。面宽三间共 10.2 米，进深 6.78 米。采用十一架四柱构架，屋内没有隔板、隔墙，三间连通成一个整体大厅。前门宽 1.7 米，门叶两扇，后无门，左、右间的前、后墙各开窗，窗棂砖雕。堂厅后墙上部镶嵌“冯氏大宗祠”石匾。正屋设置神台，台上供奉以冯宝和冼夫人为一世祖的海南冯氏列祖列宗神主牌位。

宗祠左殿为夏阳侯庙，采用十三架四柱柁墩瓜棁抬梁构架，内势通堂木柱承桁。宗祠右殿为出嗣堂，面宽三间共 10 米，进深 6.6 米，采用十一架四柱柁墩瓜棁抬梁结构，

三进房始平堂

山墙承桁，前后均短檐。前有门窗，后无门窗。1994 年石礐小学新址拓宽校园时，出嗣堂被拆除。

“冯氏大宗祠”石匾　“冯氏大宗祠”石匾镶在始平堂大厅后墙上部，长 0.98 米，高 0.46 米，阴刻文字，中心位置横书，上部横书“壬辰年己酉月癸丑日戊午时重修”，左边直书“□□□巳年仲冬月吉旦”，右边直书“仝族修建”。据分析，“冯氏大宗祠”石匾刻制于唐贞观六年（632）。

“冯氏大宗祠”石匾（2018 年）

彩绘“多福多寿”（2018 年）

彩绘“斗酒诗百篇”（2018 年）

冯氏大宗祠灰雕　选择的部位构件是屋脊、山墙脊尾、内墙顶端、窗框、画框等，多用镂雕的龙腾云霓、浮雕的花卉鸟兽等图案纹饰，线条简练粗犷。如屋脊上镂空塑起鳌鱼和云头，是为“鳌吐云霓”；塑起凤凰和云头，是为“凤驾祥云”；山

镂空灰雕“鳌吐云霓”

镂空灰雕“凤驾祥云”

镂空灰雕“凤凰来仪”

瓜棁镂空“麒麟献瑞”

墙的脊尾，镂空塑起流畅的卷云，是为“瑞云盈檐”；将军第前门匾额两侧的空气窗，镂空雕有凤凰和飞云，是为“凤凰来仪”。这些灰雕都是艺人根据风俗习惯和题材空间的需要，充分发挥其技艺，现场制作，线条流畅，景物形态栩栩如生，再涂上红、黄、蓝、白、青等色彩，使饰物显得绚丽多彩，衬托出建筑物的庄重堂皇。

夏阳侯庙① 俗称大树堂，位于石礳村西南，坐北朝南。夏阳侯庙主祀东汉阳夏侯、征西大将军冯异。冯异因平定赤眉、击败匈奴军功彪炳，被封为阳夏侯。夏阳侯庙西与冯氏大宗祠一墙之隔。为一室一庭，正室即殿堂，面宽三间共 10.12 米，进深 8.8 米，前有廊庑。总占地面积 377.3 平方米，建筑面积 120 平方米。庙为木石结构，歇山式单层飞檐。始建于元代（一说唐代），清光绪元年（1875）重修。前门宽 2.66 米，门叶四扇，门楣石板上阴刻“夏阳侯庙光绪乙亥年乙酉月己丑日癸酉时重修”。后无门。夏阳侯庙前庭大门眉题“大树堂”3 个字，刻有“癸酉十二月初五重修”。

大树堂前庭大门（2018 年）

① 海南省、海口市两级冯冼文化研究会考证，夏阳侯庙应为阳夏侯庙，当时重修时误刻。

夏阳侯庙（2018 年）

大树堂神龛

姜氏宗祠　姜氏宗祠位于国社村，建筑时间不可考，据村族谱记载：元至元二十五年（1288），由第七世孙姜源发起建造的。是自始祖姜元熹立村起，姜氏历世列祖列宗安放神位和祭祀的场所。二世叔祖姜唐佐（苏轼的学生）的神位也在其中。为此，2012 年宗祠重建时，祠门的楹联是以苏轼赠给姜唐佐的诗为基础写的：“琼岛呈紫气，沧海何曾断地脉；羊城泼翰墨，白袍端合破天荒。”

姜氏宗祠（2018 年）

姜氏渡琼始祖漂洋过海也不忘故土，姜元熹渡琼安居后便在村里修建姜太公庙，塑造姜太公塑像。姜太公庙几经重修，2013 年姜氏后裔筹款重建，撰庙联曰："钓渭候主，献六韬，摧枯拉朽奠天下；出将入相，举三宝，富民安邦定乾坤。"

丘濬母李夫人墓 墓位于老城镇那统村旁坟园，为大型石砌圆顶建筑物。明成化七年（1471）建造，为县级文物保护单位。墓前两侧辟有墓道，墓道两旁各放置一尊石马和石羊。赑屃碑座驮着一尊大石碑。碑座长 170 厘米，宽 135 厘米，高 60 厘米；墓碑高 200 厘米，宽 95 厘米，厚 20 厘米，顶部呈弧形，正面四周刻有精美图案；墓碑顶部

李夫人墓道石羊（2015 年）

正中阴刻隶体大字“皇帝谕祭”；中间竖排阴刻正文“成化七年，岁次辛卯二月甲辰朔越七日庚戌，皇帝遣琼州府知府吴琛谕祭予翰林院侍讲学士丘濬母太宜人李氏，曰‘守节教子，妇人所难兼致，旌褒惟尔所独。生有足尚，死可悼伤，爰超常典，特赐以祭，尔灵不昧，尚克享之’”。

墓园于 20 世纪 60 年代被挖掘，破坏严重。原那统小学附近还有一座牌坊，为纪念丘濬母李夫人而建，20 世纪 60 年代也遭毁坏。

2004 年清明节前，重新修建李夫人茔地，在茔地上发现了汉白玉墓志铭。该墓志铭成为文物部门收藏与研究的珍贵文物。

冼夫人衣冠冢　位于石礶村西南部的富昌山上。冢高 2.5 米，墓座为正方形，边长 2.8 米。墓体共 9 层，向上逐级递减。下部为八角形，共 4 层，用大石雕刻垒叠；上部为圆冠状，共 5 层，其中底下 4 层均由 9 块长短不一的弧形石块围垒而成，最顶层是一个大圆石盖顶。经广西考古所鉴定，该衣冠冢为元代建筑。墓前立有石雕香烛炉，基座四角有 4 个小墓，是传说中的“金童玉女”。

1994 年 6 月 29 日，冼夫人衣冠冢被列入县级文物保护单位。富昌山上的冼夫人石冢墓碑原被损毁，2007 年，海南冯氏众裔孙按先前规制为冼夫人衣冠冢重新竖立石碑。碑高 2 米，宽 0.7 米，厚 0.1 米，基座为石刻赑屃。

冯氏古墓群　位于富昌村东北的富昌坡，距石礶村南约 3 千米，始建于南宋时期。墓园存有冯氏祖坟数十座，有 18 座古墓葬是长方形。冯氏古石墓群为宋代至元代古墓群，被列为县文物保护单位。

澄迈县人民政府为冯氏古墓群立的文物保护单位碑

有一块墓地整齐地排列着4座墓，是定南知寨冯进勇等人的墓。墓向西南，石砌。墓丘平面为长方形，轿形顶，须弥座。雕刻仰覆莲、花卉、卷草等。左墓长2.65米，宽1.5米，高1.5米，碑刻“宋故进勇冯公墓”；中墓长3.1米，宽1.9米，高1.6米，碑刻“宋故宜人王三主娘墓”；右墓长2.45米，宽1.4米，高1.5米，碑刻“宋魏安人墓”。

清光绪三十二年（1906）澄迈石礶里《冯氏家谱》记载，冯进勇是冼夫人第二十六世孙，南宋建炎年间（1127—1130）奉命率兵南征，任定南知寨。南宋绍兴元年（1131），落籍澄迈县恭贵乡封平都石礶里。

冯进勇墓两旁有长方形三层石墓两座，初考，北座为冯进勇儿子墓，南座为冯进勇孙子墓。

林汉臣（林宪辰）墓　林汉臣为文昌县人，元至正十二年（1352）任澄迈县县尹，是美且村立村始祖。其墓位于老城镇美且村北部约200米处，墓体为圆形，坐东朝西，占地面积约300平方米。“文化大革命”中遭破坏。20世纪90年代，林姓后裔集资复建。该墓为澄迈县文物保护单位。

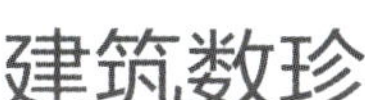

建筑数珍

文物古迹　老城镇历史文化资源丰富，古迹景点众多，有文物古迹共65处。其中，省级文物保护单位3处，县级文物保护单位25处，镇级文物保护单位37处。

老城镇文物古迹一览表

表5

名　称	年代	类别	地址	级别
澄迈学宫	宋至清	古建筑	老城镇老城小学内	省级
里桥	明	古建筑	老城镇澄江南路西侧	省级
罗驿村李氏宗祠	清	古建筑	老城镇罗驿村东	省级
冯氏大宗祠	不详	古建筑	老城镇石礶村内	县级

续表 5

名　称	年代	类别	地址	级别
冼夫人及其后裔古墓群	宋至清	古墓葬	石礳村南三公里外富昌坡	县级
杜仲儒夫妇墓	宋	古墓葬	老城中学东北	县级
老城码头遗址	宋	古遗址	老城镇澄江南路西侧	镇级
姜氏渡琼石墓	宋	古墓葬	老城镇石联村博潭坡东	镇级
李文英石墓	宋	古墓葬	老城镇罗驿村	镇级
罗驿宋李二公石墓	宋	古墓葬	老城镇罗驿村西	镇级
倘村古墓	宋	古墓葬	老城镇倘村东北	镇级
倘村古井	宋	古建筑	老城镇倘村东北	镇级
玉楼村文笔塔	宋	古建筑	老城镇玉楼村东北	镇级
通潮阁遗址	宋	古遗址	老城镇澄江南路西侧	镇级
吴霜旧居	南宋	古建筑	老城镇倘村东北	县级
林汉臣（林宪辰）墓	元	古墓葬	老城镇美且村北	县级
丘濬母李夫人墓	明	古墓葬	老城镇那统村东南	县级
冯林文公祠	明	古建筑	老城镇石联村西	县级
夏阳侯庙	明	古建筑	老城镇石联村西	县级
飞腾坊	明	古建筑	颜春岭陵园内	县级
登第坊	明	古建筑	老城镇倘村东	县级
吴景晖故居	明	古建筑	老城镇倘村东北	县级
文笔峰塔	明	古建筑	老城镇文大村北	县级
南门桥	明	古建筑	老城镇老城村南	县级
步蟾坊	明	古建筑	老城镇罗驿村西	县级
博潭坡石墓	清	古墓葬	老城镇石联村东南	县级
李恒谦故居	清	古建筑	老城镇罗驿村南	县级
文玉村古井	清	古建筑	老城镇文玉村南	县级
罗驿村节孝坊	清	古建筑	老城镇罗驿村东	县级
富昌村节孝坊	清	古建筑	老城镇富昌村东	县级
关帝庙遗址	清	古遗址	老城镇澄江南路西侧	镇级
尔邱村石墓	清	古墓葬	老城镇尔邱村东	镇级
美当村石墓	清	古墓葬	老城镇美当村北	镇级
罗驿李二公墓	清	古墓葬	老城镇罗驿村北	镇级
黄二婆墓	清	古墓葬	老城镇南盐所岭北侧	镇级
广文第	清	古建筑	老城镇石联村南	镇级
通德堂	清	古建筑	老城镇龙吉村南	镇级
灵山庙	清	古建筑	老城镇美鼎村南	镇级
草圣公祠	清	古建筑	老城镇美鼎村北	镇级

续表 5

名 称	年代	类别	地址	级别
美鼎村古井	清	古建筑	老城镇美鼎村草圣公祠南	镇级
白莲基督教堂	清	近代宗教建筑	老城镇白莲村南	镇级
石联村古井	清	古建筑	老城镇石礓村	镇级
元振坊示禁碑	清	石窟寺及石刻	老城镇石联村东南	镇级
文昌阁遗址	待考	古遗址	老城镇罗驿村东南方观音庙旁	镇级
罗驿驿道遗址	待考	古遗址	老城镇罗驿村东南	镇级
潭昌学堂	待考	古建筑	老城镇潭昌小学西南	县级
松江书院	待考	古建筑	老城镇儒峨村南	县级
儒峨学堂	待考	古建筑	老城镇儒峨村南侧	县级
龙吉村古井	待考	古建筑	老城镇龙吉村西	镇级
道乐塔	待考	古遗址	老城镇罗驿村东南观音庙旁	镇级
用倒塔	待考	古遗址	老城镇罗驿村西南	镇级
盐所岭石墓	待考	古墓葬	老城镇南盐所岭北侧	镇级
罗氏渡琼墓	待考	古建筑	老城镇潭昌村东	镇级
马蹄井	待考	古建筑	老城镇罗驿村东	镇级
罗驿驿站	待考	古建筑	老城镇罗驿村东	镇级
书音堂	民国	文化建筑	老城镇音书村东	镇级
群大村炮楼	民国	军事设施	老城镇群大村中	镇级
潭昌村炮楼	民国	军事设施	老城镇潭昌村北	镇级
美榔村炮楼	民国	现代军事设施	老城镇美榔老村北	镇级
冯定儒祖屋	民国	建筑物	老城镇玉楼村中	镇级
那仍村哨楼	民国	现代军事设施	老城镇那仍村东	镇级
风门岭革命烈士纪念碑	当代	纪念性建筑	老城镇风门岭	县级
朱献烈士纪念亭	当代	现代建筑	老城镇潭池村东	县级
马白山将军纪念园	当代	纪念性建筑	西海边国社岭上	县级
曾氏渡琼始祖墓	待考	古墓葬	文玉村东南	镇级

古码头 古码头位于古县治老城圩西部，与雷州半岛相望。在古代，海南没有像样的专建码头，码头和渡口的叫法是通用的，老城古码头也就是渡口。古时琼州交通闭塞，大海锁岛，往返大陆须乘船。老城地处琼北，海程较短，地理位置得天独厚，是沟通琼岛与大陆的交通枢纽，也是海南货运的重要港口。

唐代，鉴真和尚东渡日本遇台风到海南时就是从此码头离岸；历代朝廷贬官也是从此处登临，然后分流贬所的。宋代大文豪苏轼，抗金英雄李光、李纲等人的足迹都曾留在老城古码头。

老城古港口码头（2012 年）

自隋大业三年（607）至清光绪十八年（1892）的 1000 多年间，老城古码头商船云集，贾商纷至沓来。特别是到了唐代，政治清明，社会稳定，经济发达，文化繁荣，老城古码头就更加热闹了。

火山石古民居 老城镇毗邻海口市石山镇，离石山镇的火山口仅有 10 多千米路程，属于亿万年前火山爆发时喷射岩浆的全覆盖地。

老城地区的老村子里是石头铺路、石头围墙，有石门、石槽、石缸、石盆、石磨、石臼、石碾，这在全国实属罕见。老城的古民居都是以火山石为原材料修建的，主体墙用大块方石干垒而成，屋檐墙则用石片和泥浆砌成。屋顶是木架结构，顶面铺盖泥瓦。房子相对较矮，房内石缝多，从里面可以看清楚外面的景物。

封平约亭 封平约亭位于老城镇西 10 多千米。约平郡清代属恭顺（贵）乡封平都

封平约亭

封平约亭议事堂（2015 年）

多峰铺第八图。解放后，属老城管辖。1975 年，划归大丰公社。封平约亭坐落在米街西端。封平约亭始建于清康熙六十一年（1722），同治二年（1863）重新修葺，至今保存完好。

约亭是古代公布朝廷官署法规文告等的基层政权办公治所。约亭除了宣讲圣谕，还定期举行“考校善过”等活动，由约亭值日官将地方民众的善行记录在册，并呈给里正过目，随后上报县衙。在县衙门口左右两侧分别设有旌善坊和惩恶坊，对有善行的民众进行表彰，对有不良行为者则进行劝诫，对于那些有过能改的人也给予表彰。

封平约亭内保留有两块乾隆年间（1736—1795）的禁碑，其中一块“当官牌禁”碑是关于大米买卖正式启用椰筒作为量具一级操作规范的“禁约”文献。另一块为“正堂示禁”碑，是由官府颁布命令勒石所立，具有强制性的法律效力。

“当官牌禁”碑

“正堂示禁”碑

老城广德桥（2015 年）

广德桥（里桥） 广德桥建在澄江（旧称内水滩，又称内水帘）上，是一座五孔石构拱桥。全长 30 多米，高 3 米多，筑有桥墩 5 个（北靠江岸引桥石壁）。由于石桥下游落差数丈，流水又遭嶙峋巨石阻挡碰撞，激起飞瀑，声势似雷，惊险可观。

古牌坊

据康熙《澄迈县志》记载，老城地区立的牌坊至今有据可查的有澄海腾蛟坊、迈山起凤坊、迎恩坊、登第坊等 25 座，多为明代所立。除一些为县治、学宫、书院、儒学之地而立外，大多数是为中举之人而立。由于年久荒废，大多牌坊已无迹可查，现存少量。

登第坊 位于老城镇倘村东，距白莲圩约 1.5 千米。坊坐北朝南，为四柱三间通天式石碑坊。通宽 4.65 米，中柱高 3.9 米，旁柱高 3.46 米，柱围 1.8 米，明间高 2.57 米，宽 2.9 米；左右次间高 2.1 米，宽 1.27 米。明间顶端匾额阴刻“登第”两个正楷大字。明成化年间

倘村登第坊（2015 年）

（1465—1487）为举人吴景晖立。为县级文物保护单位。

罗驿村步蟾坊（2015 年）

步蟾坊　位于罗驿村西，为李金中举而立，建于明景泰年间（1450—1456）。坐南朝北，为四柱三楼式，条石榫合结构。坊由 8 根戗柱支撑，面宽约 6 米。明间高 2.77 米，宽 3.14 米，柱围 1.77 米。次间高 2.53 米，宽 1.37 米。坊额为“步蟾”两个字。坊顶均仿石瓦起脊翘檐。为县级文物保护单位。

罗驿村节孝坊　位于罗驿村东，距李氏宗祠约百米。清乾隆年间（1736—1795），为旌表罗驿村李辑母亲苏氏节烈孝行而建。坊四柱三门牌楼，戗柱 8 根，为石柱梁结构，顶盖石瓦。明间 2 根柱粗大，宽 2.08 米，高 2.41 米，横梁阴刻文字，中间为硕大的“节孝”两个字，左右为记事文字，内容为坊主简介、立坊人及时间。次间宽 1.3 米，高 2.16 米，檐下横梁三条，前后出嵌。

富昌村节孝坊　位于富昌村东 200 米，清道光元年（1821），为富昌村罗公之妻冯氏

罗驿村节孝坊（2015 年）

富昌村节孝坊（2015 年）

建。据传，清代老城镇石礶村女冯氏嫁给富昌村罗公，夫妻恩爱，但未生育子女，罗公早逝，冯氏未再嫁人，一生供养姑姑和抚育侄子，受到村人夸奖和敬重。朝廷令地方为其建节孝坊。

坊四柱三门，长条石结构，外柱高 2.67 米，内柱高 3.22 米，总宽 5.4 米。三门顶间各有两条（上小、下大）方形长条石跨梁。内门上下两横梁中间竖一个高约 30 厘米、宽 25 厘米的小石块，上面阴刻一个大“旨”字。下横梁两端从右至左阴刻“节孝”两个大字，中间刻有坊主姓氏、事迹和立坊时间的小字。

文奎坊　位于罗驿村东。据康熙《澄迈县志》记载，该坊建于明永乐年间（1403—1424），为举人李惟铭立。1950 年，因乡办粮仓、建白莲初级中学，坊被毁。2015 年，政府拨款修复。坊三门四柱，长条形石结构，中门跨梁条石中间阴刻“文奎”两个大字。坊面宽 8.3 米，明间高 4.77 米，宽 3.53 米。

飞腾坊　原位于老城镇仲音村。为四柱三门的石牌坊，现上部残缺。据康熙《澄迈县志》记载，该坊建于明景泰年间（1450—1456），为举人钟秀立。因村庄开发建设，2000 年飞腾坊迁到颜春岭按原样立建。坊四柱三门（内门比外门大），长条石结构，外柱高 3.43 米，内柱高 3.96 米，总宽 6.6 米，三门顶部各有一个长方形条石（两边小、中间大）横梁。内门横石条中间阴刻“飞腾”两个大字，两端刻有坊主姓名、事迹和立坊时间。

罗驿村文奎坊（2015 年）

迁至颜春岭重立的飞腾坊（2015 年）

碉楼　老城地区现有碉楼（哨楼、炮楼）11 座，都是以火山岩石垒砌而成，一般高 8 ~ 10 米，为正方形建筑物，边长约 4 米。这些碉楼都兴建于民国中后期。

潭昌村碉楼（2016 年）

那仍村哨楼

群大村哨楼（2016 年）

古塔

据康熙《澄迈县志》记载，老城镇建的塔有据可查的有学前塔、西门塔、双滩塔、那驿塔、钟村前塔、龙光塔、于利塔、文笔峰塔和美宁文笔塔等 10 座，除文大村的文笔峰塔完好保存，罗驿村的那驿塔、龙光塔和美宁塔毁后重建外，其余的塔都已久废无存。

文笔峰塔　又称文峰塔，位于文大村前 2 千米处的海边。据传，明崇祯年间（1628—1644），东水、文大村海边一带瘟疫横行，人畜死亡众多，文大村乡绅召集村民商讨建一座既能避邪又能开文运的石塔。文笔峰塔于崇祯六年（1633）由村民筹款修建。石塔坐北朝南，四角九层仿楼阁式；塔基为正方形，边长 4.23 米，塔高 10.5 米，塔腔为壁内折上式。第二层四角雕刻力士像，第四层南面中间石匾阴刻“文笔峰”3 个字。石塔四周曾设围栏，占地面积 50 平方米。

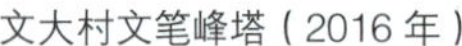
文大村文笔峰塔（2016 年）

文笔峰塔第二层四角雕刻的力士像

龙光塔（道乐塔） 位于罗驿村官路。据康熙《澄迈县志》记载，该塔建于明万历四十年（1612），由立村始祖李文英族人协建，以镇水口，起名龙光塔。1968—1969 年塔废。2015 年，在道乐（地名）地块上重建，故以地名改塔名为道乐塔。为四角九层楼阁式石塔，高约 11.5 米。

那驿塔（用倒塔） 位于罗驿村东。据康熙《澄迈县志》记载，该塔建于元代，由立村始祖李文英用石头创建，以镇水口，原名那驿塔。1975 年塔废。2012 年，在用倒（地名）地块上重建，故以地名改塔名为用倒塔。四角七层楼阁式石塔，高约 10.5 米。

罗驿村道乐塔（原龙光塔）（2015 年）

罗驿村用倒塔（原那驿塔）（2015 年）

美宁塔（2015 年）

美宁塔　又名文笔塔，位于罗驿村西北。始建于清代，该塔意在治邪镇妖。后年久荒废。2004 年，村民集资在原址重修，为砖、水泥结构。塔共 8 层，高 10 米，比原始建的塔高 2 米。

古村遗韵

2013 年 2 月，澄迈县认定老城镇的古村落共有 13 个，除国家认定的 4 个古村落外，其余的村为倘村、国社村、马村、谭脉村、好用村、美玉村、潭才村、玉楼村、青领村。

2014 年 11 月，在住房城乡建设部、文化部、文物局、财政部、国土资源部、农业部、国家旅游局7个部局公布的第三批中国传统村落名录中，老城镇的罗驿村、潭昌村、龙吉村、石矍村榜上有名。

罗驿村 罗驿村是中国传统村落、澄迈县古村落。又名罗亦村，“罗”为“路”的谐音，驿是古代官方驿所，因该村地处琼州西古驿道旁，因“此地诸峰环绕罗列，驿道于此，可以罗络四海商客友朋”之意而得名。村庄位于白莲村西南 1 千米处。南宋咸淳元年（1265）立村，立村始祖李文英。村内主要建筑物保存完好，至今还保存有 300 多栋古石屋。村内有 36 条纵横古巷（道），都是用青板大石铺设而成的。

罗驿古村牌坊（2015 年）

2014 年，罗驿村被评为中国传统村落

2015 年，罗驿村获全国文明村镇奖牌

罗驿村被评为海南省 2011—2013 年度文明村镇

村内主要建筑遗存有省级文物保护单位李氏宗祠，县级文物保护单位节孝坊、步蟾坊。1989 年，被海南省政府授予“革命老区村庄”称号。2006 年 3 月 17 日，村内罗驿小学旧址被澄迈县定为爱国主义、革命传统教育基地。2010 年 12 月 17 日，罗驿村被澄迈县政府授予“十大长寿之村”称号。

罗驿村名胜古迹有“三寺、三坊、三塔、三桥、九井”。分别为道乐寺、观世音菩萨庙、李氏宗祠；文奎坊、步蟾坊、节孝坊；美宁塔、道乐塔、用倒塔；南翠桥、卜武桥、道乐桥；马蹄井（又称马蹄泉）、道猛井、坡傩井、坡林井、千户井、玉容井、道乐井、起龙井（又称起龙泉）、新蹄井。罗驿村因“清溪萦绕、文阁大观、松林明月、宝塔峥嵘、科举高榜、月池绿波、佛岭村社、仙姬引泉”八景闻名琼州。村内还有石板路古巷。民国时期，为保护村落，建有东、西、南、北、中 5 座碉楼。

罗驿村李氏宗祠（2018 年）

古琼西驿道残存的罗驿村路段石路（2016 年）

2014 年重建的琼西官驿标志（2016 年）

2014 年重建的道乐桥（2016 年）

2014 年重建的驿站（2016 年）

罗驿村历史遗迹有苏轼被贬琼州时，来去都路过的古琼西驿道和居住的倘驿村驿站。相传，位于罗驿村东部驿道旁的驿站，正屋面对路，背依着村庄，一座三间，现已不存。而古琼西驿道罗驿村段还残存 1 千米多长的石道。2014 年，罗驿村在当年的遗址上重建驿站和道乐桥。

罗驿村主要历史文化名人有元代举人李震器，明代举人李惟铭、李金；有清乾隆年间（1736—1795）知县李树元、嘉庆年间（1796—1820）八大乡贤李恒谦、嘉庆时湖南晃州府同知李岳、光绪时廉吏李敦统。其中，李震器、李惟铭、李金是一家祖孙三代中举，被誉为“古澄迈科举第一家”。

石䂄村　石䂄村是老城镇石联村委会管辖的自然村。是中国传统村落、澄迈县古村落。该村有 1400 多年历史。原名四角井村，因生产秀石，风吹石头流水冲刷时发出奇妙之声而得名。全村村民都为冯姓，有“海南冯氏第一村”之誉。

石䂄村牌坊（2015 年）

2014 年，石䃶村被评为中国传统村落

石䃶村被列为县级文物保护单位和旅游定点村庄。主要文物古迹有冯氏大宗祠、将军第、夏阳侯庙、冯氏古墓群、冼夫人衣冠冢、风水塘等。

据传，老城镇海边的一块荒地附近有面积为十多亩的两块洼地，因常年积水像两个湖，该地作为冼夫人所部战马饮水之用。后来在该地建立石䃶村，在塘边建起冯氏大宗祠，把饮马塘当作宗祠和整个村的风水塘。1991 年，石䃶村自筹资金将此处扩展成一个大池塘，池塘四周用石头、水泥砌墙围住，池中间建起两个凉亭，池塘边用汉白玉石建起栏杆，称风水塘。

冯氏大宗祠门前的风水塘（2015 年）

潭昌村的火山岩石建筑（2015 年）

潭昌村 潭昌村是一个具有 880 多年历史的古村落，位于老城镇西北部，离镇址约 8 千米。村前有约 30 亩的鲤鱼形状田地，常年泉水涌流。村后有山丘田野，草木苍翠，稻物飘香，是山清水秀的风水宝地，故名潭昌。该村历史悠久，较好地保存着古民居，古村容貌仍存，古风依然，古韵浓厚，文物古迹保存较为完整，被评为中国传统村落。

潭昌村民宅分为火山岩石木结构传统民宅区和新村建设发展区。传统民宅区路巷狭小曲折，房屋古色古香，共有 135 间火山岩石木结构的古老房屋。这些房屋主体坐北朝南或坐东北朝西南，房顶屋檐多有飞檐，有半数房屋至今仍保存完好。新村建设开发区多为新建的平房或小楼房，共有 230 栋。水泥硬化道路四通八达，家家通水、通电、通车。全村有多姓居民，村北多为罗姓，有 1 户陈姓；村南多为曾姓，有 4 户冯姓、1 户李姓。

潭昌村较为著名的文物古迹有潭昌学堂和碉楼。潭昌村在第三次全国文物普查中被定为县级文物保护单位。村中有 3 座碉楼，为民国时期抗击外来匪盗、以求自保而建的民间防御性军事设施。村中除了有保存较好的火山岩石建筑古民居外，还有 4 口古井、6 条古街巷以及各种各样的古代生产生活用具。

龙吉村村貌

海南省文物保护单位龙吉村

龙吉村 龙吉村地处迈岭西麓，东与祥符村接壤，南连美造村，距白莲圩 8 千米，西邻龙凤村，距老城圩 3 千米，北依道辅新村。是全国第三批中国传统村落之一。从宋代起，该地种植的龙吉米谷粒饱满、米质洁白细嫩、清爽可口，在琼州久负盛名。龙吉村立村有 800 多年的历史，龙吉“贡米”的传说也有 500 多年。龙吉村有“老城粮仓”之美誉，龙吉米为海南著名农业品牌。

龙吉村中遗存有定远侯庙、妈祖庙、华光庙等庙，有清乾隆年间（1736—1795）通德堂 1 所，有秀岭公祠、将兴公祠、德惠公祠等文物。龙吉村是海南省文物保护单位。

龙吉米种植（2018 年）

倘村 倘村位于距老城镇5千米的白莲墟以西，离白莲墟约2.5千米，旧时称倘驿里，宋代立村。

据史书和倘村《吴氏族谱》记载：立村始祖吴霜，字永洁，原籍福建福清县侯山下村人，南宋曾任大理寺评事。因主张抗金得罪朝廷，被贬到海南任澄迈县令。南宋乾道元年（1165），他与长兄吴春、次兄吴月一起渡琼。吴霜因远离故地，心中无限悲凉，在船上作有《入琼时舟中有感》：

数层波浪接烟霞，云雨迷人漫自嗟。
鱼触舟停风气急，鸟过玄谷月魂斜。
梦回频听三更鼓，醒觉偏思万里家。
瞩目江山文物远，衣冠自是海天涯。

倘村是澄迈县2013年认定的古村落之一，历史悠久，古韵犹存。村东北有纪念吴景晖考中举人所立的登第坊。全村有70多户村民，有上百年的古老民屋22间，五贴大屋3间。吴霜旧居、吴景晖故居的十柱木石瓦顶的五贴大屋，虽历经多年风雨侵蚀，框架仍完整保存。

国社村 国社村位于石硹港南面的石硹岭（后改为国社岭）。据族谱记载，国社村前身为儒姜村，立村始祖姜元熹与兄弟姜元勋、姜元韶，于北宋皇祐元年（1049）从福建渡海入澄邑，在凤凰山立村，定名儒姜村。南宋乾道六年（1170），儒姜村整村搬迁

国社新村（2018年）

到国社岭下，故改村名为国社村。从建村至今的 900 多年间，村中部分村民先后向岛内 11 个县市 20 多个村庄迁徙。2018 年，国社村仅存留 7 间房屋，常住人口 10 多人。全村现存的房屋均为明清时期遗留下来的木石结构的古建筑。

马村　马村始建于北宋靖康元年至建炎元年（1126—1127），位于老城镇西部 11 千米处。一世祖从福建兴化府莆田县甘蔗园村迁至此处，立村于一个沙岛（该岛为马岛）上，以捕鱼和摆渡为生，并繁衍后代。始创时村名为银题村。

几百年来，马村涌现出一批赤心报国的仁人志士。近代有马毓优、马毓偲、马家璧、马家斗、马秋江。现代有马白山、马建台、马传俊、马毓文、马家万。

马白山将军像（2015 年）

长寿之乡

老城镇福寿文化源远流长，是澄迈县长寿老人最为集中的地方之一。老城镇人自古多长寿，正如苏轼被贬琼州时所说：“年百余岁者比比而是，八九十岁不论也。”清代，老城超过百岁者已有多人，有3人获得朝廷所赐的匾牌。

当代老城镇，有被授予“澄迈长寿第一家”的吴天礼家，有被授予“长寿之家”的王名仕家，有被授予“2009年度中国长寿明星”的龚美珍，有被授予“长寿明星”的马汉新，有被授予“长寿夫妻”的吴丕谟、李瑞香夫妇等。截至2018年年底，老城镇罗驿村、文集村被授予“长寿之村”称号。镇内80岁以上老人1289人，位列全县前茅。

To Chengmai County, China

World Longevity Area

International Expert Committee on
Population Aging and Longevity

November 22, 2012

2012 年，联合国国际老龄研究所向澄迈县颁发的“世界长寿之乡”匾牌

澄迈县是世界长寿之乡。2012 年 11 月 22 日，澄迈县荣获“世界长寿之乡”称号，授牌仪式在北京举行。此前，在澄迈县召开的第二届人口老龄化长寿化国际研讨会上，与会专家一致同意向澄迈县颁发“世界长寿之乡”证书。

老城镇是澄迈县长寿老人最为集中的地方之一。截至 2018 年年底，老城镇有 2 个村获“长寿之村”称号。2018 年，镇内 80 岁以上老人 1289 人，位列全县前茅。

长寿人口

老城镇素有“青山绿水廿万顷，十里常逢百岁人”之美誉。悠久的人文历史，山清水秀的居住环境，稳步发展的社会经济和健全的社会保障体系，为福寿之乡奠定了扎实的基础。

概况　老城人自古多长寿，历代尊老敬贤蔚然成风。清代，老城已有多人超过百岁。最高寿者王之鹏，108 岁，清同治十一年（1872），绅士禀请何学政赐匾“龙章叠赉”；王挺，101 岁，光绪元年（1875），恩赐登仕郎；王朝现，100 岁，光绪二十八年（1902），绅士禀请文学政赐匾“女宗人瑞”。

老城镇优养老人之风盛行，长寿老人代代绵延。据统计，2018 年，全镇共有百岁以上老人 23 人，90 ~ 99 岁老人 328 人，80 岁以上老人 1289 人。

百岁以上长寿老人 根据县、镇两级政府职能部门调查统计，2018 年，老城镇有百岁以上老人 23 人，其中男性 3 人、女性 20 人。

2018 年老城镇百岁以上老人一览表

表 6

姓名	性别	民族	出生年月	所在行政村（社区）
李锦花	女	汉	1911.2	白莲社区
李瑞香	女	汉	1911.7	白莲社区
罗桂英	女	汉	1912.1	玉楼村
冯英秀	女	汉	1912.12	石联村
罗玉美	女	汉	1914.3	白莲社区
陈桂英	女	汉	1915.7	富豪村
梁秀珍	女	汉	1915.1	罗驿村
王名仕	男	汉	1915.11	玉堂村
冯庆法	男	汉	1916.3	石联村
陈敬昌	男	汉	1916.10	才吉村
邝春花	女	汉	1917.3	罗驿村
吴爱梅	女	汉	1917.4	白莲社区
姜玉莲	女	汉	1917.5	坡脑村
林丽英	女	汉	1917.5	文玉村
黄姑（黄氏）	女	汉	1917.6	大亭村
洪玉莲	女	汉	1917.9	白莲社区
吴妚二	女	汉	1917.9	老城社区
王金梅	女	汉	1917.11	罗驿村
郑梅芳	女	汉	1917.12	罗驿村
劳玉娲	女	汉	1918.2	老城社区
潘月娥	女	汉	1918.5	大道村
林桂玉	女	汉	1918.8	马村社区
李春兰	女	汉	1918.12	白莲社区

长寿荣誉

长寿村庄

罗驿村　2010年，罗驿村被澄迈县委、县政府授予“长寿之村”荣誉称号。同年，全村户籍人口3328人，人口平均预期寿命79岁。健在百岁老人2人，80岁以上老人102人，占总人口的3.06%。

2018年，该村再次被评为“长寿之村”荣誉称号。同年，常住人口3383人，80岁以上老人122人，占常住人口的3.6%，100岁以上老人3人。

文集村　2012年，文集村被澄迈县委、县政府授予“长寿之村”荣誉称号。同年，全村人口827人。其中，80～89岁的有21人，90～99岁的有3人，80岁以上人口占总人口的2.9%。

夏社村　2015年，全村户籍总人口206人，人口平均预期寿命79岁。健在的百岁老人有4人，80岁以上老人18人，占全村户籍总人口的8.7%。2017年，全村有80岁以上夫妻双全的老人3对，其中100岁以上夫妻双全的老人1对。

文大村　2015年，全村总人口3000人，平均预期寿命81岁，健在百岁老人5人。2018年，全村有80岁以上老人96人，占全村总人口的3.2%。

长寿家庭

吴天礼家庭　盈滨村吴天礼家堪称澄迈县第一家族。吴天礼有5儿1女，4代子孙共有128人，约占全村人口的20%。吴天礼有3个儿子三代双全、四代同堂。吴天礼家庭中90岁以上4人，80岁以上5人，70岁以上3人。2012年7月21日，吴天礼家庭

2012年7月21日，盈滨村吴天礼被授予“澄迈长寿第一家”称号

被澄迈县委、县政府授予“澄迈长寿第一家”称号。

王名仕家庭 2010 年，澄迈县在全县范围内举行评选“十大长寿之家”活动，音臣村王名仕家被澄迈县委、县政府授予“长寿之家”称号。王名仕生于 1915 年 11 月，其妻子生于 1920 年，夫妻健康，四世同堂，时年全家 28 口人。

2010 年 12 月，音臣村王名仕被授予“长寿之家”称号

李作清家庭 2018 年，在澄迈县长寿五项的评选表彰活动中，罗驿村李作清家庭被澄迈县委、县政府授予“长寿之家”称号。

李作清生于 1926 年 5 月，其妻子生于 1930 年 4 月。夫妻生活有规律，饮食喜欢清淡，多以粗茶淡饭为主，少肉多菜，少吃多餐。此外还特别喜欢运动，虽然年过八九十，但身体硬朗、思维清晰、耳聪目明，依然坚持自己煮饭、做菜。

榮譽證書

授予老城镇罗驿村李作清家庭 2018 年度长寿之家光荣称号。

特发此证，以资鼓励。

中共澄迈县委
澄迈县人民政府
二〇一八年十月

李作清家庭被授予 2018 年度“长寿之家”光荣称号

长寿明星

中国长寿明星龚美珍 2009 年，石礶村龚美珍被中国老年学学会授予“中国长寿明星”称号。龚美珍生于清光绪三十三年（1907），1937 年与黄埔军校四分校二期毕业生冯树荫（老城人）结为夫妻。婚后她随丈夫回到家乡，从此再也没有离开过老城镇。她曾是抗战时期的战地医院卫生员，后回乡村办诊所，几十年服务于乡村。先后在老城、白莲、马村等地工作。她开办有龚美珍诊所。

荣誉证书

龚美珍：

经本委员会及“2009 年度中国长寿明星”组委会审议，您被评为“2009 年度中国长寿明星”。

特颁此证！

中国老年学学会助老公益事业研究委员会
2009 年 10 月

龚美珍被评为“2009 年度中国长寿明星”

澄迈县长寿明星马汉新 2012年11月12日，澄迈县长寿研究会在全县进行“澄迈县十大长寿明星”评选活动，马村社区马汉新被授予“长寿明星”称号。

马汉新生于1921年10月。育有4儿3女，有子、孙、曾孙40多人，三代双全，四代同堂。

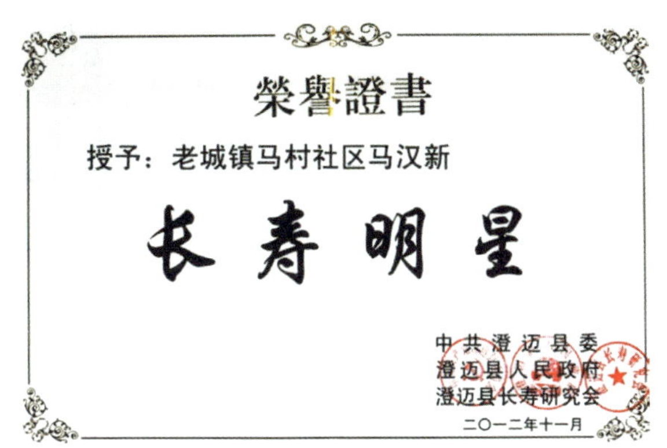

2012年11月，马汉新被授予“长寿明星”称号

澄迈县长寿明星冯英秀 2018年，在澄迈县长寿五项的评选表彰活动中，美玉村冯英秀被授予“长寿明星”称号。

冯英秀生于1912年12月。生活有规律，爱散步、爱活动；饮食清淡，偏爱青菜，饮食有度；讲究卫生、爱清洁，勤洗澡，勤换洗衣服；生性随和，乐于助人，性格开朗，喜欢聊天，爱说笑，喜欢热闹。

2018年10月，冯英秀被授予2018年度“长寿明星”光荣称号

澄迈县长寿明星陈敬昌 2018年，在澄迈县长寿五项的评选表彰活动中，上吉村陈敬昌被授予“长寿明星”称号。

陈敬昌生于1916年10月。育有3儿4女，一家共30口人，四世同堂。

陈敬昌热爱生活，热爱劳动，乐于助人；生活有规律，饮食有度，习惯于晚上少量饮酒；为人耿直，生性随和。

2018年10月，陈敬昌被授予2018年度“长寿明星”光荣称号

长寿夫妻

吴丕谟、李瑞香夫妇　2012年11月12日，澄迈县长寿研究会在全县范围内进行“澄迈县十大长寿夫妻”评选活动，夏社村吴丕谟、李瑞香夫妇被授予“长寿夫妻”称号。夫妇二人均生于1911年，是2018年以前澄迈县唯一一对100岁以上夫妻双全的老人。

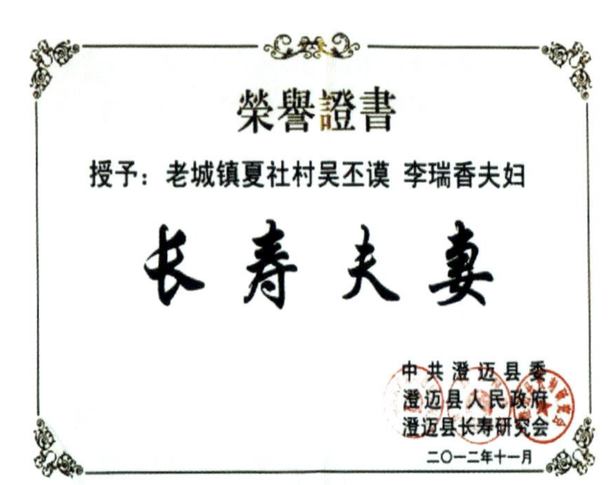
荣譽證書
授予：老城镇夏社村吴丕谟 李瑞香夫妇
长寿夫妻
中共澄迈县委
澄迈县人民政府
澄迈县长寿研究会
二〇一二年十一月

2012年11月，吴丕谟、李瑞香夫妇被授予“长寿夫妻”

夫妻婚后育有4儿3女。夫妻俩每天日出而作，日落而归。60岁以后，子女都成家立业，生活有了改善，夫妻仍坚持下地干一些轻微农活，在房前宅后种树养花。

夫妇二人与村里左邻右舍相处融洽，性格开朗，态度温和。夫妻之间互相体谅，生活作息规律，极少感冒。

荣譽證書
授予老城镇那统村吴世丰、李秀花夫妇2018年度长寿夫妻光荣称号。
特发此证，以资鼓励。
中共澄迈县委
澄迈县人民政府
二〇一八年十月

2018年10月，吴世丰、李秀花夫妇被授予2018年度“长寿夫妻”光荣称号

吴世丰、李秀花夫妇　2018年，在澄迈县长寿五项的评选表彰活动中，那统村吴世丰、李秀花夫妇被授予“长寿夫妻”称号。

吴世丰生于1920年6月，李秀花生于1924年10月。夫妻俩育有5儿2女，都成家立业，三代双全，四世同堂。

夫妻二人身板硬朗，思维清晰，耳聪目明，视力、听力、说话无障碍。坚持下地种菜、浇水，帮助儿女做家务、做饭。

荣譽證書
授予老城镇仁心外村姜维德、王秀风夫妇2018年度长寿夫妻光荣称号。
特发此证，以资鼓励。
中共澄迈县委
澄迈县人民政府
二〇一八年十月

2018年10月，姜维德、王秀风夫妇被授予2018年度“长寿夫妻”光荣称号

姜维德、王秀风夫妇　2018年，

澄迈县举行长寿五项的评选表彰活动，仁心外村姜维德、王秀风夫妇被授予“长寿夫妻”称号。

姜维德生于1925年2月，王秀风生于1926年3月。育有5个儿子，都成家立业，三代双全，四世同堂。

夫妻二人身体硬朗，思维清晰，耳聪目明，视力、听力、语言无障碍。虽然年岁已高，但仍坚持自己煮饭、做菜。

曾令魁、马春妹夫妇 2018年，在澄迈县长寿五项的评选表彰活动中，三社村曾令魁、马春妹夫妇被授予“长寿夫妻”称号。

2018年10月，曾令魁、马春妹夫妇被授予2018年度“长寿夫妻”光荣称号

曾令魁生于1923年6月，马春妹生于1924年6月。夫妻育有4儿1女，都成家立业，三代双全，四世同堂。夫妇俩精神矍铄，思维清晰，耳聪目明，视力、听力、说话无障碍。曾令魁每天到村里茶店喝茶、聊天、打牌，马春妹则在家煮饭、做菜。

敬老之星

王扬华 2018年10月，在澄迈县“十大敬老之星”评选活动中，音臣村王扬华被授予“敬老之星”称号。

2018年10月，王扬华被授予2018年度“敬老之星”光荣称号

王扬华生于1944年12月，老城镇音臣村人。王扬华有兄弟4人，由于3个弟弟都在外地工作，照顾父母的重担主要落在他肩上。

王扬华父亲年过百岁，母亲年过九十。因为父母年纪大，生活很难自理，长期以来都是王扬华在尽责尽孝，悉心照顾。2004年，其父不慎摔倒，造成股骨折裂，生活能力完全丧失，王扬华每天精心伺候父亲，并照料好母亲的生活起居。

长寿文化

评选与主题活动 2010—2018 年，澄迈县委、县政府在全县范围内不定期地进行了 3 届“十大长寿之村、十大长寿之家、十大长寿夫妻、十大长寿明星、十大敬老之星（首届不设该项）”长寿五项的评选表彰活动，老城镇每届都榜上有名。有 1 家被授予“澄迈长寿第一家”称号，有 1 人被中国老年学会评为“中国长寿明星”。2018 年，在第三届长寿五项评选中，老城镇被表彰的长寿之村 1 个，长寿之家 2 家，长寿夫妻 3 对，长寿明星 2 人，敬老之星 1 人。

2013 年 6 月 8 日，中国旅游小姐全球总决赛启动仪式在老城九龙温泉度假酒店举行。决赛期间，中国旅游小姐在老城长寿之乡开展“向长寿老人学养生”“探寻长寿秘诀”等主题活动。

长寿原因探寻 老城镇人自古多长寿。这些长寿老人有以下几个特点：一是女性居多；二是他们都是农民，生活在农村；三是都过着普通人的生活，没有生活在养尊处优当中；四是绝大多数是文盲或半文盲。老城人长寿的原因大致有以下几点：

第一，良好的遗传基因。这些长寿老人绝大多数都有长寿的家族遗传基因，他们的父母大多长寿，健在的兄弟姐妹也都是长寿老人。

第二，环境优良。老城镇青山绿水，环境优美，河海交融，空气新鲜，长年有三好：阳光好——远红外线能激活人体组织细胞，增强新陈代谢，提高免疫力；空气好——空气中的负氧离子高，能改善肺的换气功能，能调节和改善神经系统和大脑功能，能促进人体生物氧化和新陈代谢，改善心肌功能；水质好——当地是天然弱碱性水，含有丰富的矿物质和微量元素。

第三，富硒土地，有益健康。老城镇处在石山马鞍山火山口岩浆喷射的全覆盖区，土地含硒量高，出产的农副产品天然、绿色、无污染。长期食用富硒产品能增强人体免疫力，不易生病。

第四，家庭和睦，子女孝顺。这些长寿老人的家庭都比较和睦，子女敬老孝顺，老人的生活得到良好照顾，心灵上得到安抚。老人心态平和，无忧无虑，有益于他们的健康。

第五，热爱劳动，勤劳节俭。一方面，长寿老人都很热爱劳动，上了年纪后也不间断地干力所能及的体力活，通过劳动，铸就他们健康的体格。另一方面，他们勤俭节约，吃荤少，长期保持粗、杂、素、淡的饮食习惯，从而降低了“富贵病”的发生概率。

罗驿村石板古巷

风土民情

老城镇，风光秀丽，物产丰富，民风淳朴。一代又一代的老城人胼手胝足，在这块土地上繁衍生息，以勤劳和智慧，孕育了鲜明独特的习俗和风情。

走进老城，会让你领略到琳琅满目的特产，品尝到各式各样的美食，聆听到粗犷质朴的乡音。老城镇的宗教文化颇有特色，佛教、道教、基督教同处一镇。宗教盛行时，庙宇近百座。老城镇的庙会也与外地不同，称为公期。相传军坡节是冼太夫人当年的出征日，后来演变为民间的祭礼活动。

宗教信仰

老城地区民众信仰道教的占绝大多数，信仰佛教的次之，信仰基督教的仅有音书、白莲等几个村的部分民众。人们供奉先祖、先贤，求神拜佛，祈求安康乐业、添丁发财活动大多都在寺庙内进行。

佛教 唐代高僧鉴真因第五次东渡失败漂流到海南岛，从老城离琼北上，受到隆重欢送，这件事对当地的佛教有重大影响。正德《琼台志》记载："永庆寺在城东，宋建。"这说明老城地区出现佛寺的时间最迟是在宋代。到了元代和明代，老城佛教盛行，镇内佛教寺院有永庆寺、腾龙庵、乘龙庵、道乐寺。1998 年，政府批准重建的永庆寺为佛教信徒活动提供了场所。

道教 宋代，随着海南道教的兴起，从老城走出了南宋时期中国道教最重要的代表人物之一——白玉蟾。白玉蟾是道教南宗五祖，内丹派南宗真正的创始人。宋代，老城有社稷坛、风云雷雨山川坛、伏波庙等，均为道士行法之处。明代，老城有城隍庙、厉坛、关帝庙、天妃庙、真武庙、潮水班师庙、雷公庙等处。清末，老城各地陆续建起了各种神庙。20 世纪 50 年代，由于不少道教神庙违反政府宗教管理规定被取缔，道教活动也随之停止。20 世纪 70 年代末，道教活动在各地逐渐复兴，农民建房、婚嫁、造灶、修路、建桥时，都讲究选择良辰吉日动土开工。也有人请道士到家里作斋为死者超度、画符镇邪治病、祈祷赐福的。

基督教 清光绪二十九年（1903），基督教传入澄迈县，始由美国长老会派美籍牧师叶兴利到瑞溪圩筹备成立瑞溪基督教堂会，随后在老城镇石礓村等地设立传教点。1925 年，美籍牧师谢大辟、王道琼等到石礓村传教，成立石礓基督教分会，发展教徒 32 人。教务工作先后由冯其鹏、冯庆新、姜德贵等人主持。1938 年，有信徒 70 户 300 多人。1939 年，因侵琼日军烧毁教堂，教会迁到音书村，建音书教堂。1950 年后，活动停止。

1984年，经批准恢复活动，后建楼高2层、占地面积200平方米的新教堂，有信徒180人。1989年，县政府批准设立白莲教堂，原址在白莲圩老街，1996年迁到白莲墟南侧开展正常活动，有信徒100人。

生产生活习俗

老城镇的习俗与海南省内其他地方大同小异，有生产习俗、生活习俗、节令习俗、待客习俗、生活禁忌等。这些习俗是劳动人民在长期的生产劳动过程中，经过一代又一代积累沿袭下来的，也是中国几千年传统文化的传承。

生产习俗

生产习俗包括开耕、立春日不驶牛、五月初五不割稻不种薯等。

开耕 也叫试耕或头日田，每年农历正月初一举行。新春伊始，人们都渴望有个良好的开端。因此，初一早晨，各家各户由家长牵牛扛犁或耙到地里耕作种植，表示这一年农耕有了好的开端，祈盼全年有好收成。实行农业合作化后，此习俗基本废除。

立春日不驶牛 意为不用牛劳作。传说天庭在立春日有惠牛免役之德。是日，龙事于地，动土伤龙，龙必涸泽而天旱，引发祸灾。因此，立春之日不驶牛喻义祈求全年风调雨顺、五谷丰登，人民安居乐业。

五月初五不割稻不种薯 农民认为每年农历五月初五割稻种薯不会丰收。因此，五月初五这一天不割稻不种薯。

生活习俗

生活习俗有很多方面，主要包括有地区特色的婚嫁、生育、造屋、殡葬等。

婚嫁 旧时，老城地区实行封建婚姻制度，禁忌同姓通婚，也禁止姑表或姨表联婚。青年男女婚姻由父母包办，男女从小就订婚，如果子女未定婚就死亡的，死后父母还要想方设法为子女办冥婚。封建婚姻的过程是说亲、定亲、问亲、送钱、哭嫁、迎亲。

迎亲之日，女方送嫁妆，男方家备好花轿及八音队到女方家迎亲。新娘由伴娘扶送上轿，在八音队的伴奏下跟随新郎到男方家。轿到门庭时，鼓乐齐奏，鞭炮齐鸣，新郎新娘一起进厅堂跪拜祖先，然后被引进新房。

结婚当日，男女双方家皆备酒席宴请宾朋。当夜夫妻吃“和好饭”，亲友闹洞房。次日早晨，新娘出中堂扫地，进厨房往灶里加火，到井里挑水或往缸里加水，到庭院里喂家禽家畜，然后向长辈问安行礼、认亲戚。第三天，新娘回娘家。当天或几天后，男方备薄礼由家人陪同到女方家接回新娘，婚礼到此才算完成。

中华人民共和国成立后实行新的《中华人民共和国婚姻法》，青年男女自由恋爱，婚姻自主，举行婚礼也移风易俗。20世纪50—60年代，迎亲改为步行，有些以单车迎送。70年代，迎亲只请几个伴郎即可，酒席比较简单。80—90年代，结婚礼仪逐渐增多，主要表现在：一是迎接新娘用小轿车，少者几辆，多者几十辆；二是大摆酒席，少则十几桌，多则几十桌。

生育 生育习俗有满十二日、满月、对岁。满十二日指婚后生下的第一个孩子，不论男孩女孩，从出生之日算起，到第十二天称满十二日。男方用酒罐装满白酒或白米，用红纸封口，再拿一只公鸡装在笼子里，托人送到女方家报喜。男方家此日用白米磨粉做蒸筐粿（不能加盐，否则孩子会生疮疥），请邻居一起就餐。满月指孩子出生满30天。产妇满月后首先洗头，可以出去串门，外人也可以进入家门。产妇满月回到娘家，回来时要带回一些食物，表示孩子有了食禄以后好谋生。对岁也叫周岁，指婴儿1周岁生日。当日，家长准备摆酒席请亲戚朋友庆祝，一般都是第一胎男孩才做对岁。

造屋 老城地区造屋的习俗分为择日、奠基、压脊、升梁、入室。奠基和升梁时，亲戚都要送糯米粿、糕点和猪肉，表示送福。入室，要择日举行入室仪式：全家人按辈分先大后小、先男后女的顺序，家长拿着两支煤油灯先进室里，接着拿刀、砧、米、糖、油等进屋，参加祝贺的人每人带一个红包（钱数多少不限）走进屋里绕一周，把红包交给主人，以鸣炮表示仪式结束，然后开席就餐。在三日内，最开始点的煤油灯要添油，不让它灭。家里的钱财粮食等不许出门（包括欠下的债务这三天内也不还）。三天后，家长出行，带回食物供全家人吃，表示入住新屋后增福加禄，只有入财，没有出财。

殡葬 老城地区的殡葬习俗分为戴孝、入殓、出殡、掩埋、修墓、迎七、超亡。迎七代表人死后把亡魂招回家，一般要迎“一七”和“五七”。“一七”是人死后第一个七日。这一天傍晚，亲人们在公祖室大厅给列祖列宗上香，哭诉对亡者的思念，请列祖列宗去引回死者的亡魂。在大厅的较偏位置为亡者设置席位，放上饭、肉和香炉，插上香，供亡魂回家用。反复点完三炷香才完成。“五七”是人死后的第三十五日。当日，亲人准备好送给亡者的房子、金山银山、衣服被褥以及各种生活用品（均用竹片和纸糊制而成），请道士到家里做“五七斋”，需要备齐酒、饭、鱼、肉等祭品。祭奠完毕后，将所有的房子、金山银山等纸制品以及送殓时用的麻孝衣服、草鞋、白纱带等烧掉，待祭品烧完化为灰烬后，酌酒，迎“五七”才结束。从此，家人的禁忌解除，恢复正常的生活和交往。

节令习俗

春节 老城地区对春节惯称过年，多指农历初一、初二、初三这三天。春节是一年中最隆重的节日。除夕前，各家各户清理屋里屋外，净门户、扫庭院、洗厨具、添新衣、办年货，不管吃的、穿的、用的，家家户户都购置齐全，除旧布新。除夕日，主要有杀鸡杀鹅、做年糕、贴对联、奉神祭祖、鸣鞭炮、放烟花、点灯守岁、看春节联欢晚会等活动。除拜神吃喝外，老城镇还进行聚众舞龙舞狮、武术表演，抬神像巡村游街，开展各类文娱体育活动，长辈还给小孩压岁钱，发红包，亲人朋友间相互串门拜年。

元宵节 老城镇有闹元宵的习俗，农村称“年仔”，各家各户都杀鸡、买肉祭祀家中祖先和敬奉村中庙神。村里还组织年轻人抬着神像游村的活动，家家户户都烧香点蜡烛，备祭品，放鞭炮“迎公”进屋，以保平安。

清明节 老城镇各村都有清明节扫墓的习俗。这一天，全家或全族人都聚集在一起，扫祭自家和本族的坟墓。上坟后，全家人为列祖列宗上香拜祭，以缅怀先人、悼念故亲。此风俗一直延续至今。

端阳节 也叫端午节，是每年的农历五月初五。老城镇各村都有端午节包粽子的习俗。因传说中有初五不能送粽子的禁忌，不少人要想给外地的亲人朋友送粽子，要赶在节前几天。五月初五这天，每家挂艾草叶，洒雄黄或带黄姜，人人吃粽子，每家还用艾叶、香茅和苦瓜泡水给小孩洗脸擦身，称“洗龙宫水”，意在辟邪驱瘴保平安。

七月节 老城镇有过七月节的习俗。每年农历七月初七，家家户户都给自家的列祖列宗以及已故亲人烧纸钱、纸衣、纸袍、金银元宝，还有按现代人生活的标准给已故亲人烧纸制楼房、汽车、电视、手表等，意在让列祖列宗和已故亲人在阴间过得好，以保佑全家老幼平安，助家庭添丁发财、兴旺发达。另有一种说法，每年七月初一至十五是亡月，也叫送鬼节，大事不宜。在亡月里忌办喜庆之事，孩子忌出远门，家中忌置衣物、家具等。

中秋节 中秋节也是老城镇民间的传统节日，每到这一天，家家户户都买中秋饼，吃饼赏月。很多家庭都把这一天定为亲人团圆节。已分家的兄弟姐妹在一起聚餐，远离家的亲人也尽可能赶回家团聚，意为月圆亲人也团圆。

待客习俗 老城镇人在礼仪称呼方面和省内其他各地基本相同。在待客方面，秉承中国礼尚往来的传统，真诚交友，热情待客，礼貌待人。如有男婴女嫁、搬家、寿庆、孩子满周岁、孩子升学等情况，朋友、亲人之间都互相送礼庆祝，酒宴相待。

生活禁忌 旧时，民间流传的生活禁忌很多，内容涉及各方面。但随着社会进步，人们提高了认识水平，有些禁忌逐渐消失。现遗存的有孕妇忌看钉钉子、劈木柴等，怕伤了胎儿。妇女怀孕期间忌搬动床柜，忌修理房屋。生小孩的人家忌外人进入家门，更不准外人入产房。生小孩的妇女不满月，忌入别人家门。家中有亲人亡故的，不过“三七”不能串门。忌扛锄头或戴笠进入厅堂。春节期间特别是正月初一，忌骂人和说不吉利的话。忌晚上借钱给别人，即夜不出财。做生意的人忌早上赊货或退货。出嫁女忌在娘家过年。身服重孝者，忌入办喜事之家。家遇丧事的，当年不贴红对联。

“非遗”习俗

疍家习俗 疍民是世代以海为家，以船为居，以渔为生，以水而葬，逐鱼汛水情而漂泊迁徙，无固定户籍地，上岸只作短暂停留的海上人家。中华人民共和国成立后，疍民陆续迁上陆地居住。老城镇大场村、东水港村有疍家遗民的后代居住。疍民遗留的文化习俗有“天后圣娘”婆期农历三月二十三全村大庆典。当日，亲朋满座，三天酒席不散，三夜演戏不停。

疍家习俗有在海上遇到落难者必须竭尽全力相救，为死者安排后事。老城镇现存

30 个海上遇难者坟墓。疍家习俗还有女人不坐船头，男人不挑水，女人不下海，男人海上捕捞，女人岸边劳作等。

渔歌　老城渔歌主要源自老城沿海地区，是渔民们在长期的海上作业中沉淀形成的，是勤劳纯朴的老城渔民在繁重的渔业捕捞和枯燥的渔家生活中，交流、宣泄情感，协调渔捞作业，以及青年男女表达爱慕之情的一种文化形式，具有浓郁的乡土气息，带有纯朴的平民色彩。

北岸渔歌

城北遥闻笑语和，渔人生计趁风波。
停桡近岸依茅屋，贯酒烹鲜解箬蓑。

东水港棹歌

春港船如织锦梭，摸鱼人唱打渔歌。
遥期携取波心月，沽酒江村醉若何？

船歌

小小渔船斗浪狂，风流相助志刚强。
清波展镜观鲨窜，暴雨倾盆掌舵昂。
胸有朝阳留浩亮，松经寒岁焕青苍。
艰辛日月寻常过，待见新春鱼满舱。
小海千古潮涨落，村北岸边船成排。
百舸争流下东水，千帆竞发上大海。
万里瀚海任驰骋，无数港湾曾去来。
风大浪高不怕险，乘风破浪志豪迈。

渔谣渔谚　渔谣渔谚是渔民的口头文学创作，主要靠民间的口口相传、代代相袭，是带有浓厚民族特色和老城地方特色的韵文，是在长期的渔业生产过程中摸索和积累出来的丰富宝贵经验，也是捕捞生产实践过程的生动写照。

疍民四海无家，疍民四海为家。
船顶看蓝天，船舱听海音。
烂鱼盐无效，朽木不能雕。
疍民爱风好扬帆，疍民恨风来翻船。
一生忙碌水上漂，一辈辛苦海中摇。

公期

公期渊源 公期源于军坡节，相传军坡节是冼夫人当年的出军日。海南的军坡节是纪念冼夫人的节日。当时，冼夫人在海南岛上的平乱安民极得民心，海南人民为了纪念冼夫人“安九峒”及“护千家”的历史功劳，岛内各地自发定期祭祀冼夫人。早期的祭祀活动中，最大的特色就是各村筹集青年男女组成仪仗队，插旗举盾，模仿冼夫人在石礶湾坡地上练兵的军队仪式出巡，后来这种纪念冼夫人的节日就成了军坡节。

活动形式 公期是海南最具民俗特色的传统民间节日，也是老城的传统民间节日，祭神祭祀活动规模大者集合有 200 ~ 300 人。人们排成长龙队伍，分别扛着神像，敲锣打鼓，舞龙、舞狮、舞虎，举帅旗，扬彩旗，摇寸字旗，拿单刀、抓藤盾、握铁叉、持长棍、挂彩带。还有武术队、秧歌队、腰鼓队、仪仗队等等，热闹威武。晚上，上演木偶戏或琼剧。亲戚朋友相聚喝酒观景，还伴随有各种生产生活用具的交易和祭祀神祇保佑平安的活动。活动包含着丰富的民间文化元素，充满神秘的神话色彩和欢乐气氛，其主要内容一是祭典神仙，祈求护佑；二是庆祝丰稔，还愿谢恩；三是集市贸易，互通有无；四是文化娱乐，联络乡情。

公期时间 老城镇各村公期时间不统一，一般各村都是以立村始祖生日或村中建庙刻公入庙的时间定公期日。

老城镇各自然村公期时间一览表

表 7

村名	日期（农历）	村名	日期（农历）
老城	五月十三、二月初二、二月十九、二月二十四	龙吉	四月二十
龙凤	四月二十	美造	正月十四
美鼎	四月十四	儒峨	正月初十至十二
盈滨	七月初四、三月二十三、五月初四、七月初十	大场	五月初五
道辅	三月二十三、六月十一、十一月二十七	潭才	十一月二十七

续表 7

村名	日期（农历）	村名	日期（农历）
美宁	二月十二	上吉	五月十三
东水	五月十三	音臣	四月十三、五月初五
玉堂	四月十三、五月初五	文连	十一月二十七
尔邱	三月十七、十一月二十七	美俗	四月十三、五月初五、十一月二十七
文礼	二月十九、三月二十三、十一月二十七	美榔	十一月二十七
孟乐	四月初八、十一月二十七	仲音	十一月二十七
富昌	九月二十七、十一月二十七	音大	一月初二、三月初三、十一月二十七
文集	正月十六	音书	十二月二十五
石礶	二月初一	美玉	正月初十、九月初九
谭脉	九月二十七、十一月二十七、十二月二十	潭昌	五月十三、十一月二十、十二月二十
马村	二月十九、六月十六	包金	十一月二十七
国社	三月初五、正月初三	文大	三月十七、三月二十三、六月十一
美当	六月二十三、十一月十五	富书	三月十七
东水港	三月二十三、六月十一、十一月二十七	白莲	正月十五
沙吉	正月十五	好用	正月十五
夏社	正月十五	倘村	二月二十二、十一月二十七
那仍	正月十二、十一月二十七	群大	正月十三、三月二十三
罗驿	二月十九、十一月二十七	玉章	正月十五
荣堂	十月二十	玉楼	二月十二
昌盛	三月十七	谭颜	五月初五
儒林	十一月二十七	潭池	十一月二十七
仁里	九月二十三	美且	二月十二
美月	九月二十三	美儒	十一月二十七
那统	正月十五	昌广	正月十四、十五
青领	正月初十、二月十五	富豪	正月十五
美巢	正月十五	那板	正月十七
玉旺	正月十六	美文	正月十五
坡脑	二月初九	群吴	二月初四
儒文	十一月二十七	仁心外	二月初二
仁心内	八月十六、十七	谭城	二月初四
仁厚	正月初十	玉堂	正月十二
文楠	正月十二	大连	二月初四、初六
拔南	五月初五	丰盈墟	十一月二十七
儒宗	四月二十	美楠	四月二十
文章	六月十六		

特色物产

龙吉米

龙吉米　龙吉米产于老城镇龙吉村。龙吉村坐落于河海交界处，积河海矿物，土地肥沃，含硒量是国际标准的2倍多。村中产出的稻米含人体必备元素，被誉为“长寿之米”。

龙吉村水稻种植历史悠久，当地农户遵循传统的种植法和施用农家肥，一直保持着土地不受污染的状态，故种植出来的稻米、瓜果不论品质还是口感都优于其他地方的同一品种。广州市的上九、下九街有龙吉米专售店，龙吉米也销售至香港。

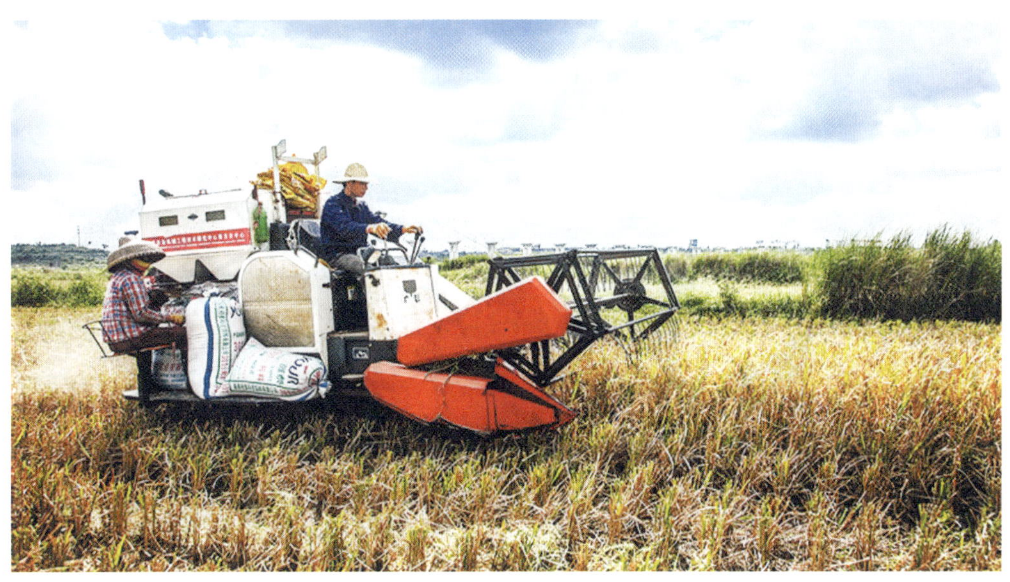

龙吉村稻田（2013年）

海南龙吉农业科技有限公司采用生物多样性优化种植技术，通过“公司＋基地＋农户”的经营模式，稳步推进种植规模，提升产品产量。龙吉米的种植仍然依顺自然轮回规律，产出绿色生态、天然富硒和营养价值极高的稻米，是延年益寿、养生健康的良品。2018 年，海南龙吉农业科技有限公司荣膺“2018 创新中国（行业）十大品牌”奖和“2018 创新中国（行业）十大应用新技术”称号。

海南龙吉农业科技有限公司获奖牌匾

白莲鹅　白莲鹅是白莲农家传统饲养的肉鹅。得益于清甜的白莲溪水和溪岸田边的嫩草，养育出体壮肉嫩味美、具有独特地方风味特征的白莲肉鹅。白莲鹅上市以来，深受消费者喜爱。

白莲鹅

白莲鹅的饲养，早晚以谷物、番薯喂食，白天野外放养，采吃嫩草。鹅体态优美，羽毛丰满洁白，叫声洪亮，活泼健壮。白莲鹅经过长期的自然驯化，形成独特的体征：母鹅头小颈细，体躯狭长紧凑，躯干稍似瓦筒形，性情温驯；公鹅头大颈粗，身躯圆宽硕大，躯干略呈船底形，头顶肉瘤发达，雄性特征明显，肉质结实。不论是公鹅还是母鹅，都具有瘦肉多、肉嫩骨酥、味甘爽口、入口不腻、香味鲜美等独特优点。

白莲鹅肝

白莲鹅全席

白莲鹅肉营养丰富，蛋白质含量高达 22.3%，还含有多种人体所需的不饱和脂肪酸和人体必需的氨基酸。白莲鹅肉容易消化吸收，消化率达 98%。白莲鹅血含有丰富的蛋白质及铁、钙、锌、铜等 10 余种对人体有益的微量元素，多食有助于提高人体免疫功能，预防疾病。

白莲鹅在发育后期，因被填饲大量能量饲料，鹅肝比普通鹅肝大，脂肪含量约占 60%，卵磷脂含量是普通鹅肝的四倍，酶的活性和脱氧核糖核酸中核糖酸含量较高，是理想的保健食品。

老城食用白莲鹅多以白切为主，佐以杂锦酱、辣椒酱、蒜粒、生抽等蘸料，再配些海南独特的青橘汁，堪称绝佳美味。也有其他烹饪方法，如烧烤、炖、焗等。如以白莲鹅为主料，可以制作出香芋白莲鹅、福山咖啡白莲鹅、蜜汁白莲鹅、多彩白莲鹅、孔雀开屏白莲鹅等特色美食。

马村沙虫 马村沙虫，又叫沙肠虫，学名方格星虫，形状像一根肠子，呈长筒形。马村沙虫味道鲜美脆嫩，为海鲜佳品。

海南沿海是沙虫产地之一，尤其以老城镇马村马岛产的沙虫闻名遐迩。马岛是马村港外的一个小岛，岛周边是泥沙滩涂，非常适合沙虫的生长，沙虫就在泥沙滩涂浅层钻个洞穴横卧在里面。平时沙虫在洞口栖息和捕食，一旦受惊即迅速缩入深处。挖沙虫

马村沙虫

村民在马岛挖沙虫

时，应先找穴眼，然后用锄头轻挖，截断沙虫的退路。因沙虫退缩速度很快，挖虫人一定要手脚灵敏，用两根手指就把沙虫夹住，否则它就会逃跑。

沙虫素有“海滩香肠”美称，有较高的食疗价值和药用功效。沙虫鲜美，有“天然味精”之称。沙虫的吃法有多种，有小炒、白灼、煨汤、煲粥等，各有特色。

沙虫小炒。制作时放入青红彩椒、蒜茸、姜丝、葱丝等。沙虫小炒的特色是红、青、白三色鲜明清雅，味鲜香浓，嫩滑脆爽，带有微辣味，口感甚佳。

沙虫煨汤。将刚捕捞的活沙虫处理干净后，放到烧开的清汤中，用漏勺轻轻翻动几下，马上捞出来就吃，也可蘸调料，鲜、脆、嫩，口感极佳。待锅中的清汤变成带有暗红色絮状小块的白汤，喝上一口，鲜甜润喉，回味无穷。

沙虫煲粥。先将沙虫放点油爆炒，待香味出来，微焦就可以。把爆炒过的沙虫放入白粥或瘦肉粥里煮。沙虫一定要爆炒后，煲粥才出味。沙虫粥除了有细滑的口感，嚼起来还清香脆口。

大场青蟹 大场青蟹属锯缘青蟹，也叫青蟹、膏蟹、闸蟹，因体色青绿而得名。大场村的母蟹蛋膏为红色，别地的母蟹蛋膏则多为黄色。大场青蟹不论是栖居红树林中、卧在泥中，还是游在水中，多为公母成双结对。大场青蟹肉味奇香，在厨房里煮蟹，远处就可闻到浓浓的蟹香味。

老城角虾 老城角虾是老城的海鲜特产。当地角虾有一种特别的味道，除了色泽红润、体态丰满、肉质清甜外，脆嫩是它最大的特点。将其他地方的熟虾与老城的熟虾混在一起，通过品味，可以鉴别出来。

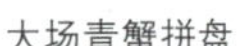
大场青蟹拼盘

老城角虾

韭菜炒牡蛎

带壳牡蛎

上吉牡蛎 老城地区的牡蛎主要产在东水、马村一带的沿海浅水滩涂。上吉村地处蛩场浦（也称内海），是河水与海水的交汇处，所以上吉村产的牡蛎自古就有名。

牡蛎有生吃和熟吃两种，口感味道各有千秋。老城人食鲜牡蛎肉通常有清蒸、鲜炸、生炒、炒蛋、煎蚝饼、串鲜蚝肉和煮汤等多种方式。配以适当调料清蒸，可保持原汁原味；若吃软炸鲜蚝，可以将蚝肉加入少许黄酒略微腌制，然后将蚝饼蘸上面糊，用油锅煎至金黄色，以蘸油、醋佐吃；吃火锅时，可以用竹签将牡蛎肉串起来，放入沸滚的汤中煮 2 ~ 3 分钟取出便可食用；若配以肉块姜丝煮汤，煮出的汤白似牛奶，鲜美可口。因此，牡蛎也叫"海底牛奶"，但有人认为生吃牡蛎更能享受到牡蛎的美味。

东水午鱼 午鱼，又叫马鲅鱼，学名五指马鲅鱼。这种鱼主要生活在热带和亚热带近海海域中，体形较小，体长一般为 10 ~ 30 厘米。午鱼体色艳丽，口内长有细小绒毛状牙齿，以小鱼虾为食，无鳔。

午鱼适应老城至马村一带海域生活环境，主要活动季节为秋季。午鱼肉细嫩、鲜美、口感好，是当地海鲜鱼类中的上品。春节时午鱼供不应求，价格昂贵。

午鱼主要有姜丝清蒸、鱼肉丸汤、切鱼肉片打边炉等食法，还有煀、焖等做法。

清蒸午鱼

东水午鱼

美食小吃

老城腌粉 相传明末一位陈姓闽南人迁居老城镇，他母亲生病后，吃不下饭，孝顺的陈姓闽南人把米发酵、压碎、弄成粉、打成条，每天不停变换多种调料，做出来的粉都有不一样的味道。母亲胃口大开，每天都吃很多，最后大病痊愈。腌粉是海南粉的代表，以腌技见长，一碗粉要用10余种特殊佐料腌制，这些腌料往往是各店摊自制，配方独特。吃过老城腌粉，再加上一勺用海螺煮的海螺清汤，更是鲜香。

老城腌粉

老城糯米粑 糯米粑是海南常见的风味小吃，也是老城地区节日喜庆必备的待客美食。制作时以糯米粉做皮，填以新鲜的椰肉丝、芝麻、碾碎的炒花生、白糖等配成的馅，以椰子叶包成5厘米左右的圆粑，蒸熟趁热吃。老城糯米粑油而不腻，清甜可口，独具风味。

老城糯米粑

鸡屎藤粿 鸡屎藤，因初闻有鸡屎臭味而得名。三四月盛产，常年可采摘，属藤蔓植物。具有祛风利湿、止痛解毒、消食化积、活血消肿的功效。

制作鸡屎藤粿时，首先，摘下新鲜的鸡屎藤叶，冲洗干净。其次，用石磨或搅拌机将鸡屎藤叶和糯米打成粉，也可将鸡屎藤叶加水打成浆后用来拌糯米粉。再次，用水把

鸡屎藤叶

鸡屎藤粿

打好的粉搓成墨绿色的面团。最后，根据客人的口味，加糖做成甜品，或加油、盐、酱料做成美味粿仔汤，也可做成鸡屎藤饼等。

老城粉糕 老城粉糕是老城镇的特色小吃之一，制作工艺有200多年的历史。当地生产出来的粉糕质松可口，清香甜美，深受居民喜爱，一直以来都是人们过年过节必备的小吃。

制作方法：

1. 选用优质糯米和大米，按糯米1份、大米2份的比例配料。

2. 将选好的米洗净，用清水浸泡半小时，捞起晾干。

3. 打磨成粉。加入适量的白糖或红糖搅拌，放入筐具，压实后平放发酵约2个小时。

4. 入锅蒸煮。入锅前，先用刀具把发酵的糕粉划成小块菱形线，再放入锅里隔水蒸煮，大火蒸30分钟即可。

粉糕成品

粉糕制作

老城油粿 油粿是老城镇的传统名小吃，其特点是质软色纯，味道甜美，滋润可口，油滑不腻，老少皆宜。

油粿成品

制作方法：

1. 选用优质大米，磨成米浆。

2. 备好小簸箕或铝笼放锅里隔水蒸，在蒸具底层先涂一层油，然后舀米浆洒上薄薄的一层，撒上葱花，盖上锅蒸 2 分钟。待第一层熟透，再往上洒第二层米浆，待熟后再洒第三层。这样反复洒过 4 ~ 5 层后，即可完成。

3. 用小刀将蒸好的油粿划成菱形小块便可出笼。

方言

老城地区流行多种语言，日常使用的方言主要有两种：一为海南话，当地称“客话”；一为临高语系老城村话，当地人称“黎话”。此外，还有一些小范围使用的方言：疍话分布于东水港等沿海村庄，属粤方言。令羔话只有马村老年人会说会听，是抗日战争和解放战争时期用于传递情报的特殊语言。黎话、苗话是少数嫁入老城地区的黎族、苗族女子之间交流的私密话。

客话 属汉藏语系汉语闽南方言的海南话，海南话和闽南话、潮州话、雷州话较为接近。历史上由于闽南人迁入增多，以闽南移民为主的海南人所操的“闽南话”逐步演变为具有地方特色的海南方言——海南话。海南话在海南省的乡镇中基本通行，只是在不同地区有音和调上的差异。

村话 属汉藏语系侗台语族壮傣语支的一支独立语言。老城村话的声母是各土语中简化程度最高的一个，有 16 个声母，没有送气音；有 84 个韵母；声调 13 个（7 个舒声调，6 个促声调）。老城村话把一般临高话中的［f］读成［pf］；把［v］多数读成［b］；存在［ɐ］系列韵母；第 1、7、8 调分别派生出 1'、7'、8' 调。

其词汇特点：汉语借词多，范围广，如“猜”［sail］、“车”［sial］、“锤”［suil］、“发”［pfatl］、“加”［Ikal］、“缆”［lam］；在偏正式合成词中，中心词在前，修饰语在后，如“野鸡”［kɐisaŋ］（鸡山），“饭汤”［nam tia］（水饭）。

其语法特点：主谓结构在名词变调后成为修饰结构；补语处于宾语之后，如“吃饭饱”；数量词组修饰名词时，只能放在中心成分后面，如“三个人”说成“人三个”。

东水港文化活动

休闲旅游

老城镇旅游资源丰富，包括天然的生态环境、优美的自然景观、温润的气候条件、特色的富硒美食、悠久的历史人文景观。有火山岩古村群落，也有日新月异的港口工业和城市景观。老城镇主要的景观有“澄迈八景”；有生态村、文明村、休闲农庄等乡村旅游景区；有深具教育意义的红色景点；还有各种文化场所和设施完备的酒店，健康美味的特色美食，给来自各方的游客以美的享受。

旅游景区

盈滨半岛度假区

盈滨半岛旅游休闲度假区地处澄迈县以北、海口市以西，北望琼州海峡，与海口西海岸连为一体，共同组成琼岛北部美丽的休闲观光度假旅游带。度假区规划面积 12.12 平方千米。

区位环境 盈滨半岛度假区毗邻海口市，是海口西海岸 17 千米黄金海岸线的延伸区，有“海口的亚龙湾”美誉，属于“海口半小时生活圈”范围。盈滨半岛北临琼州海峡，三面环海，海岸线曲折迂回，形成弯月，海滩宽广，沙白细软，海水碧蓝纯净，是一个天然大浴场。岸线椰树迎风玉立，岛上绿影婆娑，风光秀美迷人，且空气清新，水质优良，地下有热温泉，地理位置与自然资源较优越。

2009 年 4 月 22 日，位于盈滨半岛的永庆寺开光迎客

美丽迷人的老城海岸风光

规划 2011年4月18日，《澄迈盈滨半岛旅游度假区规划》通过初评。规划中该片区的总体定位：打造以度假养生、地域文化展示为特色，集滨海旅游休闲、康体健身于一体的国际化旅游度假景区。功能分区方面，该片区依据旅游资源特征及项目布置分为“一带三区”，即银滩海滨旅赏带、金角高端消享区、天堂湾文化休闲区、天堂湾养生度假区。

度假区建设 至2015年，盈滨半岛度假区按规划建成旅游度假区、度假旅游城、盈滨广场、金色海湾度假村、海南省永庆佛教文化生态旅游区、鸟语林公园、索菲特前沿大酒店等一批旅游项目，各项基础设施配套到位。总占地面积26.67万平方米的佛教文化苑已启动，并建成永庆寺。

盈滨海湾大桥 盈滨海湾大桥2013年10月31日开建，2016年9月通车。投资1.73亿元。大桥全长1019米。横跨盈滨半岛内海的南北两岸，兼顾交通和观光功能，是盈滨半岛旅游度假区南北方向的主要跨海通道，连接老城沿海区、环海景观绿色长廊以及盈滨半岛等地区，改善了琼北区域海口西侧、老城经济开发区的交通、居住和投资环境，助推“海（口）澄（迈）文（昌）”一体化发展。

盈滨海湾大桥（2016年）

盈滨落日（2016 年）

乡村旅游

白莲和谐休闲农庄　白莲和谐休闲农庄是集休闲观光、采摘、棋牌、垂钓、爬山、下地劳动和绿色餐饮于一体的农业休闲观光园。地处老城经济开发区南侧约 7 千米处，离海口城区 30 分钟路程。农庄占地面积 10 余万平方米，划分为休闲区、餐饮区、果树区、蔬菜区、垂钓区等多个区域。水面面积约 7 万平方米，共有 4 口鱼塘，一年四季均能享受垂钓之乐。野生的河虾是农庄的一大特色菜肴，此外，还有当地名菜白莲鹅。游玩尽兴之后，还可以到菜园采摘无公害蔬菜，或购买农村放养的鸡、鹅、鸭等特产。

白莲和谐休闲农庄（2015 年）

母然庄园湖岸夜景（2018 年）

廊坊台阁茶座（2018 年）

老城母然庄园　母然庄园位于老城镇文大村东南部、富音北路中段，离东水港 1 千米，距老城镇政府 6 千米，与景园悦海湾隔路相望，占地面积 13.3 万平方米。

从庄园大门进入 50 米，是占地面积 6.7 万平方米的母然湖，湖四周古树参天，棕榈树剑指蓝天，傲然挺立，榕树曲折伸展，盘根错节。湖中建的两个小岛称湖心岛，占地面积约 300 平方米。岛岸之间由五节曲桥连接，别具风格。岛上绿树掩映，郁郁葱葱，站在小岛环顾四周，远景近貌尽收眼帘。湖中鸳鸯戏水，湖远处白鹭觅食，时而还传来鹧鸪的鸣叫声。

园内开设母然咖啡苑和北岸渔家饭馆，北岸渔家饭馆依托东水港丰富的海产资源和母然湖中的淡水活鱼，制作物美价廉的海鲜佳肴。母然咖啡苑利用当地产品，采用独家工艺，根据游客的要求，现点现加工，为游客制作适合个人口味的饮品。

美意农家乐　美意农家乐位于美宁村西部的文东坡，2012 年建成开业，占地面积约 4000 平方米。桥仔小溪经此流入小海，周围环境优美，属原生态野生林。园区内种有大量的果树和林木。农家乐内辟有甘蔗园、竹园、苹果园、杧果园、阳桃园、番石榴园。鹅鱼混养，养鸡、鹅、白鸽各千只。鱼塘占地面积 2000 平方米，养殖的鱼类有鲤鱼、过山龙、罗非鱼、腩鱼、沙鳅鱼等。

罗美旅游带　是澄迈县委、县政府确定的 2013 年实施全县三条“美丽乡村带”建设项目之一。罗美旅游带即罗驿村至美文村一带，包含罗驿村、沙吉村、美文村 3 个村。这三个村各有特色：罗驿村被认定为中国传统古村落、全国文明村庄。村内有众多文物古迹，有 17 处古迹被列为县级文物保护单位，李氏宗祠被列为省级文物保护单位。沙吉村是县级文明村庄，村内古民居保护较好，火山石建的石屋鳞次栉比，湖泊环绕，民风淳朴。美文村是县级文明村庄，村内有千年的古榕树、成片的槟榔树，绿化美化好，环境优雅，还建有自行车绿色通道，是海口市至澄迈县自行车绿色通道穿越的村庄。

罗美旅游带总体设计采用串珠式布局，以原有乡村道路为主流线，串联古桥耕月、阡陌新禾、夕港牧笛和枧山晚炊等景观区域，展现原生态景观的微妙和魅力。

古桥耕月是体验野趣之美的亲水远眺空间。景区位于罗驿村疗养休闲度假村，在设计中使人行道穿梭于植物草丛之间，忽隐忽现，游人穿梭其中，随着人行道的蜿蜒，步移景异，结合植物的季节变化，使游人体会到一种乡村野趣之美。

阡陌新禾是回忆农耕文化的灵动空间。景区位于罗驿村与沙吉村连通的乡道中，以阡陌新禾立意，表达对传统农耕文化的回忆。景区内大量运用装置艺术，展现传统农耕文化的组成要素，以“和而不同，推陈出新”立意，从而营造一种阡陌之间孕育着灵气与希望的意象，唤醒人们对传统农耕文化的回忆。

夕港牧笛是感受恬静闲适田园生活之所。景区位于沙吉村转折处，景区西为耕田，东为沙吉村村庄。景区以田野远岸牧童吹短笛、蓼花深处信牛行立意。夕阳西下，港湾边三五个牧童骑坐水牛，相互嬉戏、吹奏牧笛而归的场景是夕港牧笛景区力求营造的意境。

枧山晚炊是体验田园诗意生活的绿色长廊。景区位于沙吉村与美文村的连通乡道。整个景区靠近现有居民点，以“暖暖远人村，依依墟里烟”立意，傍晚时分，袅袅炊烟在空中随风飘荡，浓浓的乡情、乡韵尽显其中。

景观景点

明代，到澄迈游览的官吏和文人墨客对该地的风景欣赏赞叹之许留下了许多诗文，诗文中大多是描写古澄迈八景的。这八景分别为独珠回峰、双滩赴海、永庆丛林、大胜参天、北岸渔歌、西峰牧笛、通潮飞阁、伏波灵祠。这八景一直以来都是澄迈自然景观的亮点，时至当代，或景色如旧，或重建琼楼玉宇，但仍有观赏价值。

独珠回峰 独珠岭位于老城镇内东约4千米处。山脉由马鞍山来，平地横看，一峰耸立，形圆如珠，下有滴珠泉，因此得名。古人游览独珠岭留下诗多首，其中明代镇琼兵巡提学姚履素赋诗："危峦孤耸碧空间，五指擎来镇百蛮。矫若苍龙初出海，团如玉兔半衔山。雨余忽讶清泉涌，云破犹疑合浦还。千载投珠传盛事，会留溟客扪萝攀。"

俯瞰独珠岭（2012年）

双滩赴海 即内滩和外滩，又称内水帘和外水帘，均位于老城镇老城圩以西、原通潮阁门外。元代建塔纪念，今塔址无存，而在长桥附近仍有此景观。双滩赴海景观因距离通潮阁较近，古时游人观赏留诗多首。明代澄迈知县曾拱璧有诗："萦回涧水出堤陲，流自何年缘且漪。双练倚虹分有玉，合澜绕塔奏埙篪。势归海壑含千溜，景作蜃楼吐一奇。农事而今方举趾，滩头听雨长春澌。"

双滩赴海（一）

双滩赴海（二）

永庆丛林　位于老城镇境内老城圩东 1 千米处，古永庆寺所在地周围多长树木，遮天蔽日，景色秀丽，环境清幽，是游览胜地。明代澄迈名贤曾沂以《永庆丛林》为题赋诗："梵宫森植有丛林，苑翳虬盘院宇深；四际不闻钟鼓响，在中只见影阴阴。"

大胜参天　形容大胜岭（今称颜春岭）巍峨挺拔，耸入蓝天。大胜岭位于古县治西部约 2 千米处，海拔 144 米，山峰耸峙。明代县令韦裘修建石亭于岭上，每逢农历九月初九，各方人士云集于此登山眺望，吟诗作赋，是古时游览胜地之一。澄迈县明代进士唐绢有《大胜参天》诗："遐陬海岳萃精英，形势嵯峨接太清。四顾峰峦还揖拱，一方人物此钟生。云扬汉将千年帜，月射郎宫九日亭。胜概昭昭垂竹帛，乾坤万古共清宁。"

北岸渔歌　位于今老城圩、马村以北的海岸。沿海居民出海捕鱼，靠海为生。欣逢丰收季节，满船银鳞满船歌，一派欢乐气象，吸引游人。明代镇琼兵巡提学姚履素有诗："出郭江天风日和，尘粉未许到烟波。依依岸柳回轻棹，逐逐溪花上短蓑。绒素漫夸双鲤富，驾山不羡一鳌多。扁舟上得渔家乐，笑傲沧浪发浩歌。"

放网

渔民出海

西峰牧笛 古时的西峰，在清代和老城同属恭贵乡，距老城10多千米，即今桥头镇桥东村委会境内的群堂岭，岭下东面是碧波粼粼、帆樯错动的才坡渔港。群堂岭上林木苍翠，岭有山涧，泉水清冽，牧草茂盛，水源充足，曾经是著名的牧场。相传，有两名牧民长年在岭上放养200多头牛群，每当夕阳西下，牧笛悠扬，牛群归栏，过往行人无不驻足观赏，久而久之，牧场就成了一处景点。知县刘时敏于明洪武三年（1370）在此设置西峰驿站和驿馆。据史料记载，该驿站设有驿卒2名，馆夫2名，马夫40名，马四槽（8匹）。明代镇琼兵巡提学姚履素有诗："树石连绵曲径开，峰头牧竖漫迟回。新苗雨过青如发，细草春深绿似苔。错认桓伊横笛至，却疑李耳跨牛来。临风信口吹成调，一任疏林返照催。"

西峰牧笛（2012年）

散落在通潮飞阁遗址的柱础（一）

散落在通潮飞阁遗址的柱础（二）

通潮飞阁 又名通明阁，位于老城古县治通潮门外西郊，因澄江绕岸，登上阁楼北望是一望无际、波涛汹涌的大海而得名。通潮阁设有驿站。据记载，通潮阁为正方形石木结构的二层小楼阁，高约 8 米，阁门正楣顶端嵌有楷书“通潮飞阁”4 个字，为古澄迈八景之一，历代均有重修。1945 年，被侵华日军毁掉。

通潮阁遗址位于老城糖厂（现金银小区）后面一个小坡的平地上，旧址上有后建的房屋、水塔，四周草丛中散落着若干雕刻精美的旧石墩、石柱。据传，宋代阁旁边还建有一座规模较大的关帝庙，后被损毁，只留下些旧迹残石。据当地老人介绍，通潮阁还存有一些石碑，被居民用来砌筑水沟、菜园围墙。其中一块约 80 厘米长的乌石碑顶端刻有“通潮飞阁碑”字样，碑身隐约可见“重建通潮飞阁记　道光十四年夏”等内容。但该石碑至今尚未找到。

北宋绍圣四年（1097），苏轼被贬琼州时，澄迈老城成为苏轼登陆海南的第一站，3 年后获赦从贬地移廉州，澄迈老城又成为他离开海南的最后一站。明代知县陶诗瞻仰旧址时，遥想当年驿站盛况，无限感慨，咏诗怀志：“风雨何年杰阁倾，闲来吊古不胜情。野花绣地能埋址，潮水依城为志名。仕宦随方同雁迹，古今俄变亦棋枰。怀乡正切烟霞暮，竹外鹧鸪又有声。”

伏波灵祠 位于老城东南二里。宋初时建。明代迁至天池书院旧址，又迁至博见地，再迁至西门（今老城圩西），四迁至老城北（今老城糖厂附近）。苏轼获赦顺利北归到达雷州，感慨万千，写下了《伏波庙记》。

伏波庙

伏波庙内遗存的木材

明代澄迈训导刘案曾以《伏波灵祠》为题，作诗:“功在嫖姚伯仲间，平生壮气可摧山。堂堂古庙澄江上，绘像今犹慑百蛮。”伏波庙是纪念汉代前后两名伏波将军（前伏波邳离路侯，后伏波新息马侯）而建，是澄迈县古代名胜古迹之一，曾是瞻仰著名历史人物的景点。“文化大革命”期间，伏波庙被拆,《伏波庙记》的阴刻石碑也被挖去修沟渡槽而无处寻觅，留下千古遗叹。

2015 年，保护、恢复老城镇古文物时，被提上县、镇两级政府的工作议程，修建东坡广场的项目规划得以通过。同时，文物古迹遗址住户的搬迁工作启动，文物复建图纸敲定。在项目的设计中，伏波庙、通潮阁等古迹获批重建。

李恒谦故居 李恒谦，清代名臣，曾在多地担任通判、知府等职。其故居位于老城镇罗驿村东，坐北朝南。

故居为二进四合院结构布局，占地面积 420 平方米，建筑面积 360 平方米。屋前建有照壁，庄严气派，两端与围墙连接，院门设于照壁围墙东。由门而入便是一进房前院，西为小屋，院庭地面以精雕条石铺设，整齐严密。

一进房三间，中为厅堂，上设神楼，左右以木雕花草窗棂为屏风，雕工十分精致。中为龛位，供奉列祖列宗神牌，厅堂两旁为卧房。一进房北设走廊。经一进房而入是故居中院。院子宽敞，地面以似精雕条石铺设。

二进房即正屋，高居庭院，设阶而上。前为走廊，屋檐廊柱均以天然条石精琢而成，中部左右梁上各有一个雕刻木斗，形似花篮，堪称一绝。正屋结构与一进房相同，即厅堂居中，两旁为卧室。抬梁木架各种木雕也十分精美，相比一进房有过之而无不及。正屋前两旁为厢房，厢房前也设有走廊，中院与四周房屋呈“回”字结构。正屋东设有跨院可通后院。

故居房屋均为木石结构，即内木柱抬梁房架，外修石墙，上为青瓦。其木材用料上好，工艺上乘，柱梁斗拱榫卯严密无缝。虽已历经 100 多年之久，迄今仍几乎无损。

史上李恒谦家中曾先后有 7 人出仕为官，父亲李树元任知县，正七品；李恒谦任职知府，秩四品，级别最高。李恒谦家被誉为澄迈县仕宦之家。

李恒谦故居（2012 年）

冼夫人塑像

冼夫人纪念馆 位于老城镇石礐村。沿村前风水塘依次修建有冼夫人纪念馆、广文第、冯氏次世中房祠、文林冯公祠等。

国社岭 位于马村东南部 1.5 千米，海拔 57.1 米。东边临陆地，三面环海，山脉向北延伸，紧邻马岛湾。因地处颜春岭脚下，又属国社村领地，故称国社岭。与周边的马鞍山、火山口、林诗岛等自然景观遥相呼应，横亘于阔野平川马岛湾畔，山峰绚丽，崖壁峻峭，自然景色迷人。固社岭尤以奇石闻名，有骏马石、狮子石、和尚石、仙童石、玉女石、鲤鱼石、螃蟹石、孔雀石、畚箕石等，石石生花，妙趣横生，令人驻足忘返。山腰有国社村民居古村落。

石花洞 位于马村港，距岸边 50 米。石花洞最早是被捕鱼人发现并命名的。石花洞的石花长于海底深处，为群体生活珊瑚虫所分泌出的石灰外骨骼。石花其状各异，有如蒲葵，有如芙蓉，有如树杈，有如宝塔，五光十色，斑斓若玉。

头嘴炮台 位于马村西侧 1 千米处，头嘴为一座峻崖，拔水而起，高高凸起，耸立岸畔，貌似葫芦，顶如葫芦嘴，故称头嘴。登头嘴环顾四周，海天一色，水山相依，渔帆点点，波光粼粼。为明清时期海防军事遗迹。明代设烽堠，清康熙三十年（1691）设炮台，配备火炮 2 门。1940 年，侵华日军进犯马村拆毁炮台，炮台遗迹尚存。

爱国主义教育基地

风门岭革命烈士纪念碑 位于老城镇谭城村北约 1.5 千米处的风门岭东南坡。1970 年 11 月始建。1988 年 6 月 21 日，由解放军海南军区重修，占地面积 210 平方米，建筑面积 79 平方米。纪念碑坐西北朝东南，碑高 7.1 米，底座宽 2.8 米，碑座高 0.95 米，为长方形钢筋混凝土结构。碑基平台高 0.95 米，平台四周设置有护栏。碑身正面镌刻“风门岭革命烈士纪念碑”碑名，背面镌刻风门岭阻击战战况碑文。

1950 年风门岭阻击战是解放军渡海作战中最为惨烈的战斗之一，战斗结束时，参战的 200 余名解放军战士仅剩下 13 人。该纪念碑是解放军海南军区为纪念解放军渡海登陆部队在风门岭阻击战中牺牲的革命烈士而建造，是海南省爱国主义教育基地。

风门岭革命烈士纪念碑（2015 年）

马白山将军纪念园（2012 年）

马白山将军纪念园 位于老城镇马村西部海边，距马村 1.5 千米，距金江 46 千米。1997 年 9 月 26 日，澄迈县人民政府为纪念马白山将军建造，占地面积 9999 平方米。纪念园坐东朝西，面对大海。园中央竖立着马白山将军铜像，铜像背面镌刻马白山生平事迹。纪念园中间是陈列馆，左侧是壁廊，右侧是纪念亭，铜像前方是大门，大门前有 33 级台阶。纪念园是澄迈县爱国主义教育基地，县级文物保护单位。

中共马村支部三送情报遗址 位于马村西侧约 1 千米处，原是马村渔港港口。在解放海南前夕，中共马村党支部奉命搜集国民党在沿海的布防情况，他们想方设法三次通过敌人封锁的港口将情报送到海峡彼岸的解放军手中，为解放海南做出了贡献。2006 年 3 月，该遗址被定为澄迈县爱国主义教育基地。2009 年，由于马村港开发建设，该遗址被拆。

澄迈县第二高等小学旧址 位于老城镇罗驿村罗驿小学旁。1934 年，由中共地下党员李独清继任校长，对师生大力宣传革命思想，培养大量革命人才。抗日战争中有 400

多名师生参加革命，71 人为国捐躯。该校培养出县（团）级干部 37 人，如李钟瑛、李定南、马秋江、马白山等。2006 年 3 月，被定为澄迈县爱国主义教育基地。2011 年，罗驿村建起村史馆后，分“古村风采”“先贤踪迹”“人才辈出”“翰墨飘香”“红色丰碑”五部分进行宣传教育，使爱国主义教育内容更加丰富。

朱献烈士墓 朱献，生于清光绪二十九年（1903），老城镇潭池村人。1939 年参加革命。1940 年后，历任澄四区组织委员、澄三区区委书记兼白莲乡乡长。抗日战争时期，日伪澄迈县临时政府派兵将其母亲、胞妹抓捕，囚禁在白莲墟日本军队碉堡内，扬言只有朱献来自首，才能将其母亲和胞妹释放，以此威逼朱献自首。面临亲人性命和主义信仰的选择，朱献选择了后者。为此，朱献的母亲、胞妹、胞兄、嫂子、侄子 5 人被杀。

1947 年 6 月，朱献在儒林村发动青年参加琼崖纵队时，突然被敌人包围，为掩护他人脱险，朱献只身阻击和牵制敌人，在战斗中壮烈牺牲。被追认为革命烈士。

朱献墓为县级文物保护单位，位于潭池村北。

十九烈士墓 1924 年，在抗击盘踞玉包港海盗的战斗中，老城镇有 19 名义兵英勇牺牲。这 19 人被追认为烈士，集中安葬在花场凤凰山上，立有“中华民国十九烈士墓”。

盈滨龙水节

首届盈滨龙水节为2001年6月25日，至2018年已举办15届（2003—2004年因“非典”和禽流感停办 2 届）。龙水节活动内容多种多样，群众举行舞龙、舞狮表演，赛龙舟、放风筝、海滩排球比赛、拔河比赛、文艺晚会等。

龙水节由来 传说很久以前，有一天，从西北面的海上来了一群海妖，它们看到海南岛像仙岛一样美丽，老百姓丰衣足食、生活美满，便起了邪心，想霸占海岛，于是便施妖术，让岛上的老百姓染上各种瘟疫，人们在死亡线上挣扎，哭号震天。事情惊动了东海龙王三公主，三公主义愤填膺从龙宫里出来，飞到老城的盈滨半岛与海妖们进行了三天三夜的殊死搏斗，终于将海妖们击败，但三公主也受了重伤。她挣扎着腾空而起，在海南岛上空降了一场甘露，解除了岛上老百姓的瘟疫。为了防止海妖们卷土重来，三公主还潜入海中将自己化作保护堤，从四周将海南岛环抱住，龙头就在老城盈滨半岛，龙尾在三亚。她还从嘴里不断吐龙涎，把海南岛四周的海水都包围住，以防海妖再犯。

为感恩三公主以身护岛，每年端午节这天，成千上万的岛民提着粽子到盈滨半岛“龙头”处祭祀三公主，并跳入海中沐浴三公主的龙涎水，以祈求身体健康，万事如意。

洗龙水 盈滨龙水节起源于海南岛端午节“洗龙水”的古老习惯，洗龙水的含义是与龙神同浴，寄托了海南人民祈求健康平安的心愿。特别是到盈滨半岛“洗龙水”的习俗代代相传，至今场面越发盛大。每年的端午节前后，老城百姓和远至三亚、儋州，近邻海口、临高、定安等地的群众都纷纷到此处。盈滨半岛4千米长的海岸线上人山人海，随处可见万人同浴的壮观场面。

盈滨半岛万人同浴场面（2011年）

盈滨半岛举行的 2014 年中国龙舟公开赛（澄迈站）比赛现场

赛龙舟 赛龙舟运动是澄迈县的传统体育项目之一，也是每年盈滨龙水节中最经典、最喜庆、关注度最高的比赛项目之一。老城开发区龙舟队（由原东水港龙舟队组成）多次参加国家、省、万宁杯龙舟赛，曾 10 次获奖，其中曾获得全国第四名和全省第一名的好成绩。

旅游配套

旅游机构

农村旅游专业合作社 2008 年 11 月 28 日，海南省首个农村旅游专业合作社在老城镇成立。海南省旅游发展研究会同时与老城镇石礓村签订《合作共建海南国际旅游岛乡村旅游开发研究与示范基地协议书》。

根据协议，省旅游发展研究会组织专家队伍进行旅游发展规划，以此指导旅游开发。由专业旅游研究机构联手村民小组，推进国际旅游岛建设乡村旅游开发研究与示范，双方以海南国际旅游岛建设为契机，以海南生态省、文明生态村以及新农村建设和海南十大文化名镇、海南十大文化名村为基础，共同打造海南国际旅游岛乡村旅游开发研究与示范基地，创新旅游新业态，使文明生态村、文化名村发展成为新型文明生态旅游村。

老城旅游文化促进会 澄迈县老城旅游文化促进会于2011年3月开始筹建，2012年6月正式成立。促进会成立之后，主动配合镇委、镇政府关于建设文化强镇、促进旅游开发的工作，创办《老城春秋》杂志，宣传各级政府有关发展老城镇的旅游文化、保护历史文物古迹的有关规定和措施。组织专家学者对老城镇的历史文化、文物古迹、景观景点进行调研，举办有老城古文化学术研讨会，撰写的17篇论文汇成《老城古文化开发和利用学术研讨会论文集》；组织编撰出版《瑰宝老城》《星辰曾经灿烂——画说澄迈古县治老城》等书，为挖掘老城镇的历史文化资源、弘扬文化名镇的历史地位起到积极的带头作用。

宣传推介

旅游宣传 2017—2018年，老城镇参加省、县旅游委组织的宣传活动18次，包括编印旅游指南、景点景区宣传介绍、黄金周旅游促销，其制作旅游标识牌13块。

项目推介 老城镇旅游资源丰富，在恢复、巩固原有景区景点的基础上，推出石礶、罗驿等古村旅游项目，推出白莲和谐休闲农庄、母然庄园等乡村休闲度假项目，推出美丽乡村旅游带观光旅游新项目。为促进老城镇的旅游发展锦上添花。

旅游设施

旅游交通 开通有旅游度假区公交车专线和自行车绿色通道。一是开通旅游度假区公交车专线。海口公交公司每天有3路公交车往返于老城镇和海口市，而离老城镇约3千米的盈滨度假区却没有公交车，给旅游者带来诸多不便。2013年，经有关部门协调，开通了盈滨半岛度假区、永庆寺、盈滨大桥、帆船训练基地、龙舟比赛场等旅游公交车专线。

二是开通自行车绿色通道。2014年，老城镇开通连接海口市至澄迈县城的单车绿色通道约15千米，把乡村旅游和骑车锻炼有机结合起来，使老城镇的“罗美带”美丽乡村旅游带更加方便、灵活、多彩。

旅游设施 老城镇逐渐完善旅游设施，如路道、厕所、标识牌等。2010年起，为罗驿村和石礶古村投入8000多万元，用于路道硬化和旅游设施建设。2017年，为石联行政村投入700多万元，使老城镇乡村旅游设施进一步完善。2018年，罗驿村被省旅游委评为四星级乡村旅游单位。

宾馆酒店

九龙温泉度假酒店　位于南海大道西沿线老城经济开发区繁华地段。建筑总面积6.8万平方米，共20层，分主、副3栋楼，连接5000平方米的空中花园，配套工程占地面积2万平方米，是集大型超市、大型休闲娱乐广场、长达200多米的旅游工艺商品一条街、二层地下车库、2000人大型会议厅于一体的综合服务实体。

海南西海岸大酒店　位于盈滨半岛，占地面积4.3万平方米，建筑面积2.7万平方米。为热带园林景观设计风格，8层主建筑环抱1400平方米内庭。每间海景房室外均设有超大观海露台；宴会设施总面积1000平方米，设有6间不同规格的多功能厅，满足16～300人的会议需要。

海南亚泰温泉酒店　位于西海岸盈滨旅游风景区。是一家集客房、餐饮、会展、娱乐于一体的准五星级滨海温泉度假酒店。酒店占地面积7.2万平方米，拥有总统官邸、海景房、园景房、四栋西班牙风格的别墅客房，拥有可同时容纳500人的会议中心、300人的豪华宴会厅。

维也纳国际酒店　维也纳国际酒店（澄迈老城软件园店）位于老城镇工业大道中国石油玉堂加油站旁，总占地面积6.7万平方米，建筑面积约2万平方米，酒店为欧式风格，是集舒适客房、宴会会议、南北美食、户外扩展、中西婚礼于一体的综合性酒店。

蓝海钧华大饭店　位于老城工业开发区生态软件园。建筑面积5.4万平方米，楼高6层，设有凭栏阁、智选餐厅两个特色餐厅，各种美食供客人选择。集餐饮、住宿于一体。总部位于山东，是一家以中高档店经营为主，连锁餐饮、职业教育、现代农业、装饰工程等产业为辅的企业集团，是国家级酒店服务业标准化试点单位、“十佳中国酒店管理公司”。

港德大酒店　位于南海大道老城段。主要接待商务宴请，寿宴婚宴、会议用餐、团体聚餐。同时兼营茶坊，中餐厅可容纳1200人同时就餐。

旭东宾馆　位于老城经济开发区繁华黄金地段老城工业大道1号。总建筑面积7500平方米，占地面积900平方米，停车场面积700平方米。是集客房、餐饮、棋牌娱乐于一体的综合性宾馆。中餐厅设有多功能大中小宴会厅及包厢16间，同时可容纳1000人就餐。

2018 年老城镇城区部分宾馆酒店情况表

表 8

酒店名称	开业时间	客房数（间）	床位数（张）	具体地址	星级
九龙温泉度假酒店	2013 年	489	649	南海大道 21 千米处	五星
海南西海岸大酒店	2006 年	304	302	盈滨半岛永庆大道西路	五星
海南亚泰温泉酒店	2012 年	300	370	盈滨半岛永庆大道东路	准五星
维也纳国际酒店	2018 年	185	200	工业大道石油玉堂加油店旁	五星
蓝海钧华大饭店	2018 年	223	287	软件园疏港路 9 号	四星
港德大酒店	2000 年	130	198	南海大道 21 千米处 71 号	四星
旭东宾馆	2005 年	98	165	工业大道 1 号	三星

休闲健身

海南月亮湾高尔夫球场 位于盈滨大道入口旁，由美国设计师按 USGA 标准设计的。占地面积 100 公顷，球场共 27 洞、108 杆、10389 码，分国际标准 18 洞球场。

中信北京国安足球俱乐部训练基地 位于老城经济开发区盈滨半岛。项目建设以国安足球训练基地为核心，以体育文化为主题，旅游、培训为驱动力的多产多功能综合型项目。这种以“足球训练基地 + 酒店 + 体育公园”的产业组合体成为亚洲乃至世界足

海南月亮湾高尔夫球场

球俱乐部共用的集训基地、国内首家以体育文化为主题的旅游目的地。该训练基地 2016 年 8 月 31 日动工建设，占地面积约 20 万平方米，2016 年年底完工。2017 年 1 月 11 日，北京国安足球队在盈滨半岛训练基地举行冬训开球仪式，并开启了为新赛季备战的为期 4 周的冬训。该训练基地积极推动足球顶级赛事的举办，引入知名足球培训学校和职业运动员康复中心。

盈滨半岛旅游度假区

新兴产业

老城海疆辽阔，海岸线长，具有独特的区位优势和优越的经济发展条件，深具可持续发展的潜力，从而不断吸引各地企业投资，催生了一批新兴的产业。老城海洋产业得到全面发展，港口建设、海洋捕捞、海水养殖、海产品加工、临港配套产业开发、物流业迅猛发展等，成为老城经济发展的重要产业。据统计，澄迈县进出口约 90% 的货运量和 40% 的客运量均通过老城沿海港口完成。随着海南老城经济开发区的创建和发展，老城镇已成为琼北地区主要工业基地、现代化港口新区。老城镇基础设施完善，旅游资源丰富，随着生态省、国际旅游岛、自贸区（港）建设步伐的加快，老城镇迎来了千年未遇的发展良机。

海洋港城

老城海疆辽阔，外海海岸线东端与海口市毗邻，西至马村西部，与桥头镇沙土村相连，全长 16.5 千米，占全县海岸线的二分之一；当年留有苏轼深深脚印的古码头，现今已兴建起 6 个大码头，拥有年吞吐能力达 817 万吨的海南最大的码头群；当年那一叶孤舟从老城送走苏翁的古港口，已建成国家一类口岸，2 万亩的浅海滩涂变成牡蛎、江蓠、对虾的养殖基地；盈滨半岛成为旅游度假区，建成的度假旅游城、盈滨广场等一大批旅游项目成为老城海岸一道美丽的风景线。

境内海域 老城海域面积 58.69 平方千米。海水平均温度为 25.3℃，平均盐度为 29.5‰；海域的海水平均深度为 40 米，其中等深线 0 ～ 5 米海域主要分布在距离外海海岸线 100 米的海域范围内，面积为 96 平方千米；等深线 5 ～ 10 米的海域主要分布在距离外海岸线 100 ～ 300 米的海域范围内，面积为 104 平方千米；等深线 10 ～ 40 米的海域主要分布在距离外海海岸线 300 米以外的海域范围内，面积为 280 平方千米。1995 年最高盐度为 32.8‰，1968 年最低盐度为 15.5‰。有利于海洋植物、动物生长、繁殖。老城海域的海水潮汐，一年中有 265 天为日潮，100 天为半日潮；海水涨潮平均历时 14 小时 25 分，落潮平均历时 9 小时 30 分，落潮年平均潮位 1.25 米，年最高潮位 3.78 米，年最低潮位 −0.13 米，年最大潮差 1.70 米，年最小潮差 1.36 米。

老城海域的海流夏季自西南流向东北，冬季自东北流向西南。海资源海水总储藏量为 192 亿立方米。海水溶解的化学物质有 80 多种，生物种类繁多，有鱼类、头足类、甲壳类、贝类、棘类、皮类、藻类等，其中鱼类 200 多种，头足类 30 多种，甲壳类 60 多种，贝类 40 多种，棘类、皮类 20 多种，藻类 40 多种。拥有近、中、深海渔场。

盈滨半岛海岸线（2015 年）

老城镇港湾位置、面积和水深状况表

表 9

名称	位置	面积（平方千米）	水深（米）
马村港湾	马村西部	6.5	3.8 ～ 21.6
东水港湾	东水港北部	7.4	3.2 ～ 23.5
美当湾	美当村北部	4.8	2.5 ～ 17.6
包金湾	包金村北部	4.5	1 ～ 9
老城港湾	老城村西部	7.2	1.5 ～ 19.7

海洋产业

海洋捕捞 海洋捕捞是老城渔民的传统作业，也是主要作业，老城渔民从事捕捞业可追溯到南宋时期。老城海域辽阔，多渔场，多港湾，多渔村，多渔船，是澄迈县发展海洋捕捞业的重要地区。老城海洋捕捞的作业方法以张网作业为主，其次是刺网作业和钓业，其他作业有地引网、绞缯网、手抛网、灯光网等。

2018 年，老城从事渔业捕捞劳者 2496 人，有捕捞渔船 487 艘，总吨位 1948 吨，功率 5811.2 千瓦，捕捞产量 119767 吨。

海水养殖 老城海水养殖的方式有浅海养殖、海塘养殖和网箱养殖三种。养殖种类主要有对虾、江蓠、牡蛎混合养殖等。

网箱养殖 网箱为浮绳式，有 2×2 米、3×3 米、4×4 米三种大小不同的规格。网箱养殖多在近海和港湾进行，主要养殖优质鱼如石斑鱼、红友鱼、白鲳鱼、军曹鱼等。老城现有网箱 4696 个，都集中在东水港湾。

网箱养鱼

对虾养殖　是海塘养殖的主要品种，也是老城海水养殖的主要品种，它具有周期短、效益高的特点。老城有大场村和上吉村两个重要对虾养殖基地，养殖面积共 1182 亩。

江蓠养殖　海南每年的江蓠产量约占中国江蓠总产量的三分之二，而老城的江

人工养虾场（2015 年）

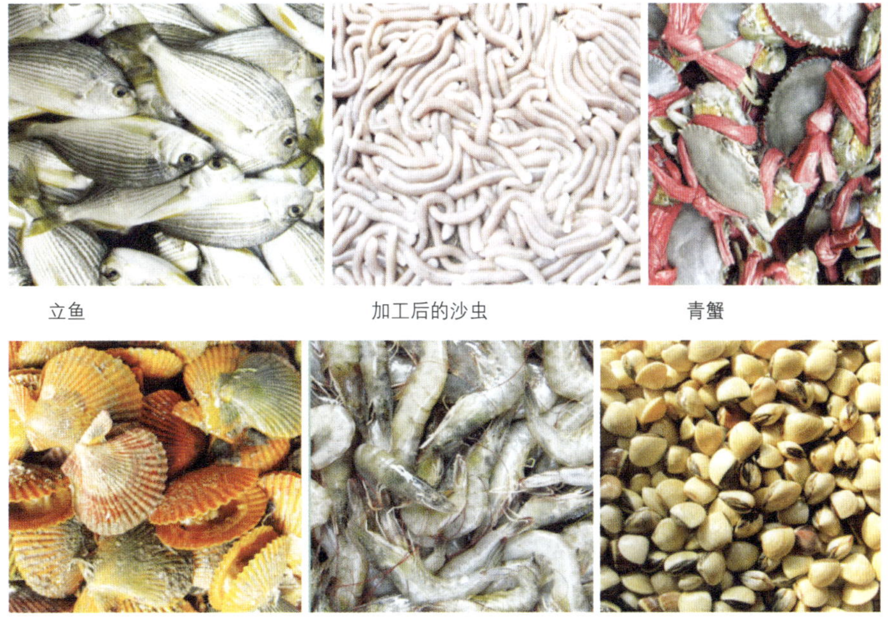

立鱼　加工后的沙虫　青蟹

扇贝　角虾　海螺（白）

剑曹鱼　　鲳鱼　　富贵虾　　海底鸳鸯——马岛鲎

蓠总量约占海南江蓠总量的 70%。以海南红江蓠为原料生产的优质琼脂、琼脂糖及其系列产品是市场长期以来的紧俏商品。琼脂成为海南外贸出口创汇的大宗商品。老城江蓠养殖基地主要有道辅村内湾、盈滨村内湾，2018 年，有江蓠养殖面积 2050 亩。

牡蛎养殖　老城现有牡蛎养殖面积 320 亩，几乎都集中在老城港湾。混合养殖海塘大面积混养有江蓠与鸭混养，小面积混养有蚌类、鱼虾类、蟹类混养。

老城大场湾石柱养殖牡蛎（2015 年）

江蓠与鸭混养　因鸭的饵料、粪便有助于江蓠生长，江蓠混养比单一养殖产量增加20%。老城混合养殖基地主要有大场、上吉虾场。

1950年以后，渔村渔民和近海村民陆续在港湾近岸小面积围成海塘进行鱼虾类、蟹类放养。1976年开始，海南水产研究所先后在东水港南岸建造面积5.3万平方米的珍珠养殖场，在道辅村海湾建造面积4万平方米的海、淡水养殖试验场，为老城大面积海水养殖开了先河。2015年，老城海水混合养殖面积870万平方米，产量21778吨。

海产品加工　根据海洋捕捞、海水养殖季节性强、收获期集中的特点，通过保鲜加工可以保护产品鲜度，保证产品质量，便于贮藏、运输；部分水产品可以通过综合利用，制成优质食品、药品、工业用品，使产品出口创汇，创造高效益。老城镇的海产品加工方法主要有腌制品加工、干制品加工、保鲜加工、综合加工。

腌制品加工是老城渔民传统的水产品加工方式，加工方法主要将水产品用盐腌制而成。腌制鱼产品主要鱼类有马鲛鱼、黄花鱼、鳗鱼、金枪鱼、带鱼、青鳞鱼、鲳鱼、红鱼等。1953—1960年，享誉省内外的东水港毛虾酱商标，就是将毛虾放进浓度米酒再加适度盐浸泡而成。

干制品能保持原味且醇香。干制品制作过程简单，用水洗净鱼产品体内及表面，撒少量盐后将其在太阳下排晒、翻晒，晒到肉条坚硬即成干制品。干制品主要有鱿鱼干、海马干、墨鱼干、红鱼干、虾仁干、鳗鱼肚、鲨鱼翅等。

冷保鲜是鱼产品加工的一项技术改革。水产品保鲜加工多用冰藏、冷冻、冻结和冻藏等方法。

综合加工是指工厂现代化、机械化、综合化生产线加工生产，制成高档产品。老城现有大富琼脂厂、海南翔泰水产品加工厂、海南中联水产品加工厂、通威（海南）水产品加工厂、海南中渔食品加工厂等。

水产食品加工厂　2015年，老城拥有大型的水产食品加工厂5家，都是海南省水产品加工的著名企业和出口创汇大户。

大富琼脂厂　位于老城工业大道南侧仲音村旁，1997年建成。厂域面积1.665万平方米，厂房面积7600平方米。大富琼脂厂加工原材料100%取料于老城地区。大富琼脂厂被海南省政府授予“优秀民营企业”和“海南省进出口诚信企业”称号。

海南翔泰渔业食品加工厂　由海南翔泰渔业股份有限公司创办，位于老城经济开发区内，是海南省最大的罗非鱼生产基地、中国水产品冷冻加工企业100强。是中国水产

海南翔泰渔业食品加工厂（2018 年）

品冷冻加工业著名品牌、全国农产品加工示范企业、国家产业化重点龙头企业。2002 年 3 月 11 日成立，是集种苗培育、生态养殖、饲料、加工、物流、销售为一体的外向型民营企业。该食品加工厂旗下有 4 个子公司，拥有面包虾、寿司虾、熟虾、罗非鱼片及海鱼精加工生产线，冷藏能力 5000 吨，日加工罗非鱼 150 吨、虾 50 吨、海鱼 30 吨，日加工能力共 230 吨。先后通过国家检验检疫局出口食品厂卫生注册和输美水产品 HACCP 认证，欧盟水产食品注册认证 ASC，BRC，BAP，GGAP，IFS，KOSHER，ISO 9001：2008，ISO 14001-2004 等国际认证。连续六年出口创汇额全省同行业排名第一。

海南中联生物科技有限公司　是 2007 年由中联太平洋（香港）有限公司投资 3000 万美元建立的独资水产企业。该公司拥有完善的水产产业链，由现代化、高标准的育苗基地、养殖基地、水产饲料加工厂、水产冷冻加工厂 4 部分组成。拥有全封闭低温标准加工车间约 5000 平方米，冷藏能力 5000 吨，设计年生产能力 3 万吨。生产管理严格执行 HACCP、ISO 22000 和 ACC 国际标准质量体系，已通过 HACCP 质量体系、欧盟卫生注册以及 ACC 认证。

经检验检疫部门备案的规模化水产养殖基地水域面积 2 万余亩，罗非鱼为主要养殖品种，年养殖产量达 4 万吨。主导产品是以鲜活南美对虾、罗非鱼、金鲳鱼为原料的系列精深加工水产食品，销往欧盟、美国、加拿大、日本、韩国等国家和地区。

通威（海南）水产品有限公司生产车间（2018 年）

通威（海南）水产食品有限公司　是通威股份有限公司的子公司（通威股份有限公司由通威集团控股，是以饲料工业为主，同时涉足水产研究、水产养殖、动物保健、食品加工等相关领域的大型农业科技型上市公司，农业产业化国家重点龙头企业）。2008 年建成并投产。该公司主要从事水产品及农副产品的加工、收购及销售和贸易，饲料生产与经营，渔需物资以及水产品养殖技术与服务等多位一体的综合性服务。公司全面推进罗非鱼产业链打造工作，建立一条完整的水产产业链，实现了从虾卵（鱼卵）到鱼虾食品走向消费者餐桌，符合食品安全要求的全程可控和追溯。建有通威罗非鱼产业链基地户 20 余户，面积近万亩。公司固定资产 2 亿元，共有 6 个车间，15 条生产线，年设计成品生产能力达 30000 吨，冷冻储藏能力 5000 吨。2012 年以后，公司主营产品为罗非鱼深加工产品，包括冻罗非鱼片、条冻罗非鱼、调味罗非烤鱼、罗非鱼皮及金鲳鱼等，产品主要出口到美国、加拿大、澳大利亚、欧盟、伊朗、俄罗斯等国家和地区。公司下设通威（海南）水产食品有限公司饲料分公司，主要业务为饲料的生产与销售。

2009 年，该公司荣获“海南省农业产业化重点龙头企业”；2011 年，荣获海南省水产流通与加工协会颁发的“海南省水产品出口优秀企业”、国家质量监督检验检疫总局颁发的出入境检验检疫信用管理 AA 级企业等荣誉称号；2015—2018 年连续三年荣获“中国罗非鱼加工贸易企业 TopList 前 5 强”，曾获“2016 最具影响力水产品企业品牌”“2017 最具影响力水产品企业品牌”“2017 年海南省十佳水产品牌”“2017 年海洋展最受欢迎水产品”“2017 年海南省（渔业）龙头企业”等殊荣，品牌美誉度居海南省同行业前列，解决就业人数 1500 多人。2015—2018 年，公司先后取得了犹太认证、美国 BAP 四星认证、WCA 认证、BRC 认证以及质量系统 ISO 9001、ISO 22000 等认证，为公司开发国际及国内市场夯实了基础。

海上运输 自古以来，拥有天然良港的老城就是海南海上运输的重要节点。海南港航控股有限公司是海南省最大的国有港航控股企业，是中国物流与采购联合会“AAAA 物流企业”。2005 年 1 月 24 日成立。公司根据海南省委、省政府的决策、部署，对海口港集团公司、海南省海运总公司和马村港管理公司国有资本权益重组合并实行“三港合一”，对海口秀英港区、海口新港区、马村港区实行统一规划、建设，统一经营、管理。公司主要从事港口装卸、仓储、水上客货运输、集装箱运输、外轮理货、船舶修理、商业贸易、旅游、房地产开发、物业管理等多行业的综合性业务。有码头泊位 37 个，5 万吨级集装箱泊位 2 个，万吨级杂货泊位 3 个，5000 吨级杂货泊位 2 个，3000 吨级以下杂货泊位 3 个，千吨级以下杂货泊位 8 个，其他车客滚装、客运等小泊位 19 个。生产辅助船舶 4 艘和旅游船 1 艘，各类主要生产机械设备共 303 台，仓库面积 5.7 万平方米，堆场 51.66 万平方米。年吞吐能力为集装箱 101 万标准箱，旅客通过能力 503 万人次，滚装车辆通过能力 55 万辆。

物流业

现代物流业已被列入海南省 12 个重点产业之一。老城镇主要的物流业有老城远豪物流、德邦物流、金马物流、京东（海南）运营中心、顺丰快递、申通快递、中通快递和韵达快递。其中远豪综合物流具备以铁路干线运输、公路快运、区域配送等相结合的多层次、广覆盖的物流网络，形成独具特色的物流运输服务网络体系。

金马物流中心 为澄迈县乃至全省的现代物流中心。海南（澄迈）金马现代物流中心项目于 2009 年正式启动，规划面积 16 平方千米，位于澄迈县金（金江）马（马村）大道距马村约 4 千米处，紧邻马村港区、海口综合保税区和环岛西线高速公路，规划有 6 大功能片区：综合服务区、建材与家具装饰物流区、热带特色农资和农产品物流区、医疗与健康产业物流区、第三方物流企业集聚区、海上资源勘探服务区。2018 年，金马物流中心入驻项目超过 32 个，总投资金额超过 63.1 亿元。

海南（澄迈）金马现代物流中心管理委员会办公楼（2017 年）

京东（海南）运营中心　2015 年 10 月 18 日，京东（海南）运营中心项目动工仪式在澄迈县金马物流中心启动。首期占地面积约 8 万平方米，投资 2 亿元，项目主要为京东商城等电商巨头提供仓储配送服务，为客户提供物流配送、货到付款、移动 POS 刷卡等服务。

京东物流仓储

京东（海南）运营项目为海南省重点扶持的12个重点产业之一的现代物流项目。现代物流业推进商流、物流、资金流、信息流融为一体，相较于传统物流业在体制、机制、服务网络、服务标准等方面实现质的飞跃。2017年，建成占地面积5.2万平方米的4栋仓储。2018年3月29日，京东集团与澄迈县人民政府在海口举行京东澄迈电子商务产业园及运营结算中心项目签约仪式，标志着京东集团海南区域总部正式在澄迈县老城经济开发区规划区落户。

国家枢纽港

马村港区 马村港是国家25个枢纽港之一。海南港航控股有限公司在马村有2个港区。其中海南港航国际马村港务管理有限公司（海口港马村港区扩建二期工程）建设总投资16.74亿元，建有4个2万吨级通用散杂货泊位，有3个5000吨级通用散杂货泊位，有工作船泊位1个以及防波堤、护岸、供电、给排水、消防、通信等设施，年设计吞吐量350万吨。2013年12月25日投产。2017年，吞吐量569万吨，营运收入1.34亿元。海南港航控股有限公司马村港管理分公司（海口港马村港区扩建二期工程）建设总投资6.9亿元，建有1个3.5万吨级散货专用泊位，年设计吞吐量200万吨。2011年动工。2014年建成并投入使用，工程总投资16.74亿元。2018年2月18日建成试投产。

现有6个深水码头，建成泊位29个，其中万吨以上泊位13个，建成后港区年吞量规模达上亿吨。2018年，马村港区总吞吐量为1100万吨，进出港船舶共7600艘次。

东水渔港 位于老城镇西北5千米处，港区面积7.4平方千米，水深3.2 ~ 23.5米，是天然避风良港。1998年建成年产胶丝150吨的织网厂，年产值160万元。2001年，通过渔民集资和澄迈县海洋与渔业局拨款10万元，建造一条长150米、高3.6米的防潮堤坝。2005年，中央拨款1200万元续建，建成长120米、高3.6米的防潮堤坝用作渔船停泊点，能同时停泊大小渔船500艘。2005年起，在原有的海水网箱养殖基础上外设观光、垂钓埠位，内设餐饮、娱乐席位，构建成集养殖、观光垂钓、餐饮娱乐于一体的旅游项目。

马村港散货通用码头 散货通用码头第一期工程于1992年正式兴建，1994年建成并投入使用，总投资1.6亿元。该码头以煤炭装卸为主，是目前海南省船舶吨位最大的煤运码头。2018年，华能海南发电股份有限公司海口（马村）电厂码头吞吐量330万吨。

海口马村火电厂专业码头 1986年开始动工兴建，1988年建成并投入使用，该码头具备万吨级轮船装卸能力。

马村港

马村港码头

美当湾油气码头 位于老城镇马村附近，万吨级油气码头。1993 年开始兴建，1994 年建成并投入使用，总投资 1.3 亿元。2015 年，海南国盛石油有限公司马村油库码头吞吐量为 56.1 万吨；中国石油化工股份有限公司海南石油分公司马村油库吞吐量为 93 万吨。

临港产业 发挥老城镇海疆辽阔、海岸线长、港口码头多的优势，在临港工业区重点发展渔船制造业，提供船舶维修及服务，发展提供配套的机械加工与装备维修；发展大型海洋工程装备和辅助性装备制造；同时，在临港区发展大宗水产、农产品加工业。澄迈进出岛约 90% 的货运量和 40% 的客运量均通过沿海港口完成，港航业成为经济发展的命脉。

工业重镇

老城镇是澄迈县乃至海南全省的工业重镇。1988 年，伴随海南建省办经济特区，澄迈县在老城镇建立经济开发区，老城成为琼北地区的主要工业基地。域内形成以火力发电、软件（IT 产业）、石油化工业、建材工业、制药工业、水产加工、橡胶加工、港口

（物流）工业为主的工业体系。

镇内有完善的配套基础设施，除“五纵八横”的主要干道和常规配套的教育、金融、邮电、通信、有线电视、宽带网络外，还建成日供水能力 10 万吨供水厂和日处理能力 5 万吨的污水处理厂。镇内有全省规模最大的华能海南发电股份有限公司、海口（马村）电厂。镇内有 220 千伏和 110 千伏变电站各 1 座，有 11 条供电专线和 5 条公用专线。有中海油、中石化 2 条供气主线和 2 个供气站。

传统工业

手工业　老城镇传统手工业主要门类有木材砍伐、烧炭、狩猎、捕鱼，还有野生药材采集加工以及油料、纤维采集加工。传统加工业有油坊、糖寮、粉坊、豆腐坊等。

中华人民共和国成立以后，老城工业初见端倪，发展了农具修造业和蔗糖加工业。1958 年人民公社成立后，社队企业也随之形成，主要有陶瓷厂、砍伐队、缝纫店、打铁店等企业 20 余家。至 1979 年，全镇（时称公社）社队企业有 42 家。1990 年起，乡镇企业采取联营、合资、合作和“三来一补”形式，出现了乡镇办、村办、联办、私营个体办并举，加工工业发展出现新的局面。

乡镇建筑业兴起于 20 世纪 50 年代，20 世纪 70 年代得到进一步发展。主要有建工站、木工队、泥工队、建工队。1980 年以后，出现个体私营建筑队。

20 世纪 70 年代前，老城地区最大的工业企业只有白莲糖厂和老城糖厂。

白莲糖厂　位于老城镇沙吉坡。1942 年建成，半机械化作业，日榨甘蔗 100 吨，出产红砂糖。1945 年 9 月，工厂停产。1954 年 4 月，县人民政府投资重建。1955 年 11 月投产，生产规模为日榨甘蔗。100 吨，主要生产红粉糖，其产品由海南糖业烟酒公司统一收购调拨。1960—1962 年，连续三年旱灾时期，工厂停产。1963 年糖厂恢复生产，经过几次技术改造和扩建，生产能力达到日榨甘蔗 200 吨，从半机械化生产发展为机械化生产。由于生产的红粉糖成本高，销售价格偏低，工厂连年亏损。1971 年，工厂停产，全厂 95 名职工除留少数人看守工厂外，大多数人调往金江、老城 2 家糖厂。其债权债务移交给老城糖厂接管，县工交办在原厂址办起工交知青甘蔗农场。

老城糖厂　1965 年兴建，1968 年 11 月正式投产。建厂初期日榨甘蔗量 200 吨，年产值 147.01 万元。后逐年发展为榨甘蔗 300 吨、350 吨、500 吨，1986 年达 800 吨。主要产品有白砂糖、赤砂糖、食用酒精、固体酒精。1976 年，建药用酵母片生产车间，1977 年停产。1986 年，将生产白酒改为生产酒精，日生产能力 8000 千克。1988 年 8 月

31日，老城糖厂“火炬牌”固体酒精研制获得成功。1987年，榨甘蔗量达8.8183万吨，产糖9504吨。1989年，在中国500家大中型企业评比中排名第22位，地区企业最佳经济效益评比中名列第14位。1989年，共榨甘蔗8.3977万吨，工业总产值2315万元，实现利税235.2万元，厂固定资产累计1113.83万元，职工人数增加到428人，1998年有职工538人。1996年，县政府决定将老城糖厂委托给千秋置业公司运营。2004年，老城糖厂改制，更名为裕丰糖厂。2012年，老城糖厂建筑物全部被拆除，改建商品房小区。

现代工业 老城镇现代工业集中体现在老城经济开发区。1988年，澄迈县在老城镇创办老城经济开发区。自此，老城的现代工业迅猛发展。截至2018年，入驻开发区的工业企业92家，其中规模以上工业企业38家，累计固定资产投资215.12亿元。老城已形成集煤电技术、太阳能、生物质能、石油、天然气加工的能源和石油化工产业；集特种玻璃、特种钢材、无纺技术、光电倍增技术、磨粉水泥加工的新型材料与建材产业；集水产农产、火山岩矿泉水、饮料酒类、生物制药的食品药品加工产业以及橡胶产品深加工、港口工业、综合保税、冷冻仓储等工业产业园区。2018年，老城开发区实现工业总产值122.06亿元，工业增加值55.03亿元。

重点企业

截至2018年，进驻老城镇的企业共有3339家。其中，工业企业92家，被海南省老城经济开发区评估为规模以上的工业企业38家，这些规模以上企业中各具特色的优秀企业有国际领先水准高科技大型上市公司欣龙控股、通威股份；有承担国家、省部级科研项目的海南博士威农用化学有限公司、海南中航特玻材料有限公司；有国内同行业中产量最大、产品填补国内空白的海南展创光电技术有限公司、海南经纬乳胶丝有限责任公司；有国家重点产业龙头、海南行业龙头企业的通威（海南）水产食品有限公司、海南正业中农高科股份有限公司、澄迈华盛天涯水泥有限公司、海南杰运冷冻有限公司、海南国盛石油有限公司；有获得海南优秀企业称号和纳税大户的海南富山汽油化工有限公司、海南中海油气有限公司；还有被国家授予“中国名牌产品”称号的椰树集团下属生产企业海南火山岩矿泉水有限公司等。这些企业既是琼北工业重镇的排头兵，又是奠定老城工业基础的中坚企业。

海南正业中农高科股份有限公司 是国家高新技术企业、全国农药制剂30强企业、海南省农业产业化重点龙头企业、海南省农药龙头企业、海南省扶贫龙头企业。公司注册资金8218万元，建有海洋生物农药创制国家地方联合工程实验室、海南省海

正业中农高科研发楼（2015 年）

寡糖原药项目建成投产（2015 年）

洋生物农药工程技术研究中心、院士工作站及院士工作站多功能孵化平台等科研机构和平台。

公司主要从事海洋生物农药、肥料、化学农药、精细化工产品的研发、生产、销售一体化经营，是国内首家氨基寡糖素原药和最大的氨基寡糖制剂生产基地，每年投入年销售额 5% 以上的费用用于新产品的研发创制。成功实施海洋寡糖植物免疫诱抗剂产业化开发与转化工作，开发出 6% 低聚糖素水剂和 5% 氨基寡糖素水剂等生物农药制剂，实现 5000 吨 / 年寡糖制剂和 1000 吨 / 年氨基寡糖素原药的生产。公司先后承担省部级以上的项目 27 项，承担或参与制定国家行业标准 2 项，企业标准 19 项。

植物免疫诱抗技术生物农药是公司用 8 年时间自主研发的一类新型生物农药。该项技术已获得国家发明专利 51 项，其代表产品“海岛素”被农业部全国农技推广中心列为“2012—2014 年全国重点推广产品”，该产品获得“中国首届绿色农药博览会金奖”。

海南火山岩矿泉水有限公司 是椰树集团下属的生产企业，位于老城经济开发区绕城高速公路 1 千米南侧，是椰树集团扩大发展的建设项目，占地面积 28 万平方米，总投资 8.6 亿元。2014 年 11 月，矿泉水厂完成一期工程投资 3.8 亿元，建成占地面积 7 万平方米的生产车间，安装 8 条高速矿泉水生产线并投产。建有设计规模为年产 80 万吨饮料的生产基地，其中生产天然火山岩矿泉水 55 万吨，天然椰子汁 25 万吨。2018 年，企业实现产值 1.7 亿元。

海南国盛石油有限公司 简称海南国盛，国有企业，成立于 1995 年 7 月 5 日，由

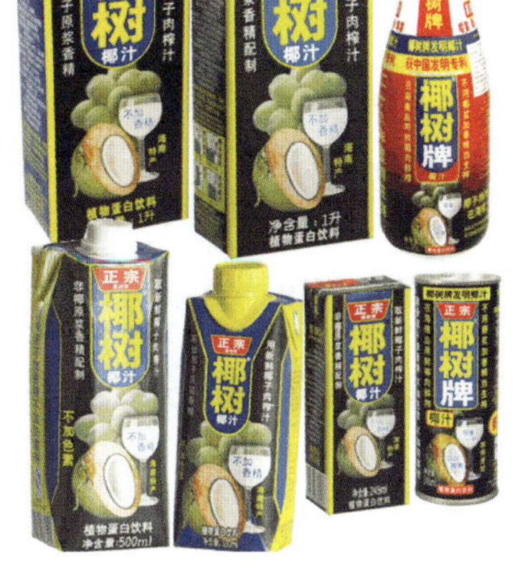

椰树集团产品

中国远洋海运集团和中国石化集团两大央企共同控股。海南国盛在老城开发区建有油品专用码头及配套油库 1 座（简称海南国盛马村油库），是琼北最大的石化库区。拥有 5000 吨级油品专用码头 1 座，储罐 20 余座，总罐容量近 10 万立方米，可储存柴油、汽油、燃料油、沥青等，并配套消防供电、保温加热、污水处理等设备设施。

海南国盛与政府海上救助、维权等机构合作密切，多次在国家和地区的海上救助、科研考察和南海维权等重要公务活动中确保了燃油供应，充分承担了国有企业的社会责

海南国盛马村油库（2018 年）

海南杰运冷冻有限公司装卸货车位（2018 年）

任。还与负责海南机场燃油供应、承担海上进出岛重任的多家大型国企密切合作，年均销售油品超过 10 万吨，多年被列为海南省 100 强企业。

海南杰运冷冻有限公司 是运用国际先进设备，集瓜果蔬菜预冷、水产品及肉类产品冷藏、冷冻、冷库出租、冷链物流于一体的专业大型冷冻企业。成立于 2000 年 7 月 6 日，属台港澳与境内合资企业，注册资本 3000 万元，占地面积 4.995 万平方米。冷库制冷采用全自动温度控制系统，确保货物始终处于规定的温度环境。冷冻仓库采用全货架电脑储位管理，国际先进的 TOYOTA 电动冷库专用叉车，标准的封闭式恒温工作月台及冷链专用 18 车位装卸货平台系统，以专业、优质、高效的服务成为老城地区行业的领军企业。2018 年，完成处理、冷藏各类货物 3.376 万吨，主营业收入 660.5565 万元，缴纳营业税 18.3214 万元、土地使用税 29.9118 万元。

海南展创光电技术有限公司 成立于 2009 年 11 月 13 日，注册资本 5000 万元。至 2018 年，海南展创光电实际投资超过 4 亿元。海南展创光电技术有限公司是一家专门从事光电倍增管（英文简称 PMT）的研发、制造与销售的高科技企业。PMT 的国产化对于打破国外垄断具有战略意义。目前海南展创的 PET-CT 用的光电倍增管 XP1455 已经批量生产，已给国家大科学设备项目供货，初步形成产业化基地。中国工程院、工业强基战略研究项目组编的《工业强基战略研究》将海南展创公司编入成功、经典案例。

海南展创自 2017 年 5 月 8 日起陆续中标，分别为江门中微子探测 JUNO 项目、中科院高能所高海拔宇宙射线观测站 LASSHO 项目（XP3960）、美国明尼苏达 CHIPS 项目、丹麦 DDD 医疗设备公司项目等多项国际、国家大科学装置项目，该公司打破国外垄断，填补国内空白。海南展创具有完备的质量保证体系，2013 年、2016 年分别通过质量管理体系认证（GB/T 19001-2016/ISO 9001∶2015 标准），并通过美国 GE 公司品质认证，被列入其供货商企业名录；2014 年、2017 年再次被评为国家级高新技术企业。海南展创还获得 2018 年海南科技产业十大影响力新锐企业等多项荣誉称号。

海南经纬乳胶丝有限责任公司　隶属海南华橡实业集团有限公司，2008 年 12 月 9 日成立，注册资本 3.4 亿元。位于老城镇西南约 2.5 千米处，占地面积约 21 万平方米，8 年累计总投资约 4 亿元。该公司引进意大利先进生产设备全自动乳胶丝生产线 2 条和 4 条国产乳胶丝生产线，选用国际、国内先进的乳胶丝配方及工艺，结合产品特点加以优化，开展高品质乳胶丝及各类高端橡胶制品的研发，生产 20 ～ 100 型号的各种颜色高品质乳胶丝产品。2018 年，产量达到近 1.4 万吨，年产值约 2 亿元。产品填补了国内乳胶丝产品空白。

产品连续四年通过瑞士“Oeko-TexStandard100”生态纺织环保认证。2015—2018 年，连续两次获得海南省高新技术企业认定。截至 2018 年，该公司获得了共 15 项国家级专利证书。

通威（海南）水产食品有限公司饲料分公司　位于老城开发区南一环路。是农业产业化国家重点龙头企业通威股份有限公司的全资下属企业。前身为通威股份有限公司海南分公司，成立于 2004 年 1 月，占地面积近 4.7 万平方米，总投资 5000 万元，2005 年 12 月 19 日正式建成投产，年生产配合饲料 30 万吨。产品有颗粒饲料、膨化饲料、粉状饲料等多种类型的水产、畜禽配合饲料，覆盖海南全省，是海南省规模最大、环境最美、现代化程度最高的饲料生产企业之一。2016 年 12 月 10 日，通威股份有限公司海南分公司整体划转（投资）到通威股份有限公司的全资子公司通威（海南）水产食品有限公司，公司改名为通威（海南）水产食品有限公司饲料分公司。

公司配备了国内一流的饲料检验设备，建立了完善的质量保证体系，实行规范严格的标准化管理。2009 年，通过了 ISO 9001 质量管理体系和 ISO 22000 食品安全管理体系认证。2015 年 12 月，通过了美国 Global Trust Certification Ltd“最佳水产养殖规范（BAP）”认证。2016 年 1 月，通过农业部“饲料质量安全管理规范示范企业”审核。

海南富山油气化工有限公司　2006 年注册成立，富山油气项目占地面积 84 万平方米，主要从事石脑油、凝析油精细加工。2013 年，投资建成 20 万吨 / 年的油气精细化

富山油气化工有限公司全景（2018 年）

海南中海油气有限公司油库

中海油钻井（2018 年）

工项目。主要有芳烃装置、非临氢降凝装置，可生产芳烃、溶剂油、液化气副产品等精细化工产品。连续多年被评为全省 100 强企业、澄迈县安全生产工作先进单位。

海南中海油气有限公司 1998 年，由中海油能源发展股份有限公司和海南海洋资源集团有限公司合资成立海南中海油气有限公司。海南中海油气项目占地面积 7 万平方米，主要从事凝析油精细加工。1997 年，投资建成海湾精细化工厂并投产。2001 年，投资 7300 万元进行科研技改，建成处理能力 30 万吨 / 年的溶剂油、芳烃抽提生产装置，可生产溶剂油、苯、甲苯、二甲苯等精细化工产品，填补了海南省精细化工产业的空白。公司连续多年被评为海南工业企业 50 强、海南省工业 30 强；获得海南优秀企业称号；多次被评为安全生产工作先进单位；是海南省纳税信用 A 级企业。

澄迈华盛天涯水泥有限公司 成立于 2004 年，是一家民营大型水泥生产企业。2018 年，有员工 400 多人，固定资产约 5 亿元。现有 6 条百万吨水泥粉磨生产线，2018 年水泥产量 700 多万吨，约占海南省水泥年产量的三分之一，年销售总值约 25 亿元。2015—2018 年，共上缴税金 4.3 亿元，是海南省规模最大的水泥粉磨生产企业。

公司所生产的“天涯牌”水泥成为海南第一水泥品牌。2006 年，被国家质量技术监督总局授予“产品质量国家免检”荣誉。2007 年，被国家建材联合会、人事部授予“建材行业先进集体”

水泥产品装载车间（2018 年）

水泥生产输送带

水泥生产场地

称号。2015 年，被评为海南省“名牌产品”、公司被海南省政府授予“十一五节能优秀单位”。

海南博士威农用化学有限公司 1996 年 7 月成立，注册资金 1220 万元。是国家定点的集科研、开发、生产、销售于一体的高科技新型生物农药民营企业。生产基地位于老城开发区美朗路东侧，厂区占地面积约 6.7 万平方米，主生产厂房占地面积 5000 平方米。公司设备先进，能够生产微乳剂、水乳剂、水剂、水分散粒剂等多种生物类和化学类农药剂型产品，年生产能力达 1000 吨以上，2018 年产量 1300 多吨。公司生产的“博士威”系列 50 多个登记产品经过全国 20 多个省市多年推广应用效果显著。2017 年，荣获国家高新技术企业，已获 13 项国家发明专利和多个项目证书。2015—2018 年，转化科技成果 15 项，年均转化科技成果 5 项。

欣龙控股（集团）股份有限公司 简称欣龙控股，是非织造材料产业（无纺产业）。1993 年 7 月，在老城经济开发区创建。1999 年，在深交所上市。是具有国际领先水准的高科技股份制大型上市公司，是中国无纺业第一家主板上市企业。经过 20 多年的发展，企业先后创造了多项中国第一、世界领先的殊荣。集团直属和下属的控股子公司有 30 多家，在海南、北京、上海、广东、湖北、湖南、贵州、辽宁等地分别建立运营基地和营销公司。产品远销欧洲、北美、印度、东南亚等国家及地区，“欣龙无纺”品牌在全球享有极高的影响力和美誉度。欣龙控股先后被国家 6 个部委评为“国家大型一档企业”，被科技部认定为“国家重点高新技术企业”，同时被指定为国家级火炬计划项目重点执行单位；先后获得“全国设备管理优秀单位”、“全国质量效益型先进企业”金牌和国际认证联盟最高质量奖项“管理卓越奖”等称号；通过了 ISO 9001 质量体系认证、ISO 14001 环境体系认证以及标准化良好行为企业 AAAA 级认证；申请发明专利和实用新型专利 50 多项；取得国家火炬计划项目 6 项、国家重点创新技术项目 4 项、国家 863 引导项目 1 项、“九五”国家技术创新优秀项目奖 2 项、国家重点新产品计划项目 13 项海南省重点科技项目 32 项、获得海南省科技成果转化奖 10 项、科技进步奖 9 项和 100 多项非织造专有技术。企业还拥有行业唯一的国家非织造材料工程技术研究中心，并承载着国家非织造材料高新技术产业化基地以及博士后科研工作站等重要行业基地和科技主体的运行和发展。

截至 2017 年年末，公司资产总额 132908.3 万元，共实现营业收入 63164.37 万元，比 2016 年同期增长 29.8%。2017—2018 年，向澄迈县交缴税金近 6000 万元。

欣龙无纺操作车间

国家非织造材料工程技术研究中心（2017 年）

海南中航特玻材料有限公司（2018 年）

海南中航特玻材料有限公司 成立于 2008 年 12 月 26 日，注册资本 19.3 亿元，位于老城经济开发区仲音路以西、南一环路以北，占地面积 42.7 万平方米，是致力于特种玻璃研发、生产及销售的高新技术企业。公司主要从事特种玻璃原片、深加工生产及销售、对外玻璃工程总包、玻璃技术咨询与装备进出口等业务。该公司是中国航空工业集团公司旗下中航通用飞机有限责任公司控股的子公司。

中航特玻材料有限公司前身是福耀海南浮法玻璃有限公司，始建于 2004 年。其 70 万吨浮法玻璃项目是海南省“十一五”重点建设项目之一。2007 年 8 月点火投产，2008 年因受全球金融危机影响停产后被海南中航特玻材料有限公司收购。2009 年 4 月，海南中航特玻材料有限公司投资 32 亿元，引进美、德等国世界高端玻璃制造工艺技术，在

海南中航特玻材料有限公司生产车间（2017 年）

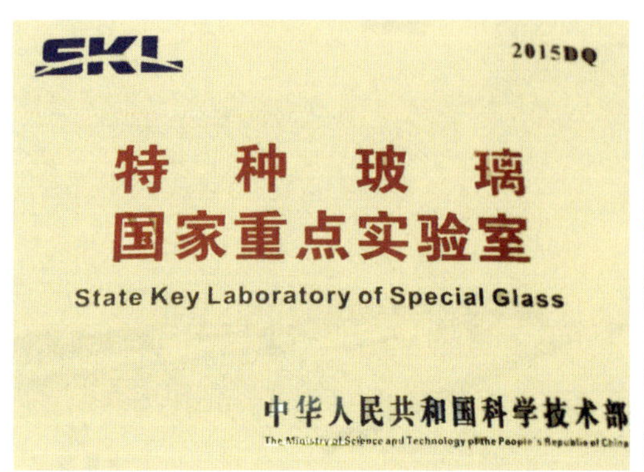

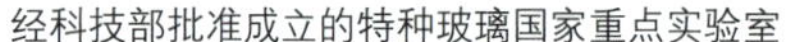
经科技部批准成立的特种玻璃国家重点实验室

超长超白厚板玻璃（在线 LOW-E 节能玻璃）

收购原福耀玻璃的基础上改造升级原有的两条浮法玻璃生产线，随后新建两条高端玻璃生产线，每条线平均日产能突破 600 吨，年产能超过 80 万吨。

2010 年 4 月，1 号生产线成功点火投产，5 月第一块成品玻璃诞生，10 月收购南玻石英砂矿。2011 年 4 月，太阳能玻璃生产线投产。2013 年 3 月，全氧燃烧浮法生产线投产。全氧助燃工艺、在线 TCO 镀膜工艺、光伏超白玻璃、太阳能 TCO 玻璃、航空玻璃开创了中国特种玻璃材料领域的五个第一。2016—2018 年的产值分别为 3.78 亿元、4.26 亿元、5.75 亿元。

2011 年 11 月，成立研发中心。研发中心先后拥有特种玻璃国家重点实验室、海南省企业技术中心、海南省特种玻璃工程研究中心、海南省特种玻璃重点实验室 4 个技术平台，承担国家、省部级科研项目 10 项，申报国家专利 44 项（授权 27 项）、发表论文 43 篇；培养硕士、博士研究生 13 人。

开发先驱

老城镇的老城经济开发区、海南生态软件园、海口综合保税区、海南生态智慧新城均为国家级或省级重点企业。是老城工业发展的先驱，在老城工业发展进程中起到引领和先锋作用的核心企业。

海南老城经济开发区 省级经济开发区。位于澄迈县老城镇腹地，创办于 1988 年 5 月，与海南建省办经济特区同步，属于国务院批准海口市城市总体规划的马村组团。

老城经济开发区是琼北地区主要工业基地，现代化港口新区。2006 年 3 月，通过国家发改委审核，升格为省级开发区。截至 2012 年，已建成一个结构合理、功能齐全、环境优美、区位优越、服务周到、管理规范，最具投资价值和经济发展的开发区，形成

海南老城经济开发区办公楼

老城经济开发区政务中心大厅

高科技区、大港口区、大工业区和大物流区。

老城经济开发区自创建以来，先后被国家、省有关部门授予全国文明单位、中国50家投资环境诚信安全区、中国最具投资价值20强开发区、中国新型工业化贡献奖、中国最具投资潜力十强开发区、中国最佳生态经济园区、全国精神文明建设工作先进单位、全国三八红旗集体、海南省人民满意的公务员集体、共青团中央青年文明号、

2011年12月，老城经济开发区被评为“全国文明单位”

老城经济开发区被评为“2010中国十大最具投资价值开发区”

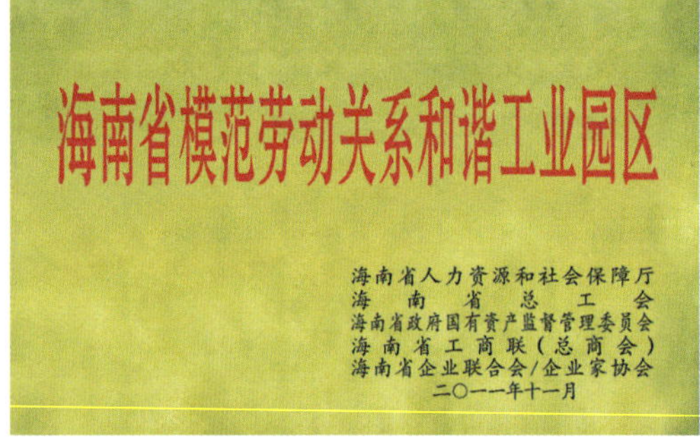

2011年，老城经济开发区被评为“海南省模范劳动关系和谐工业园区”

2011年3月，老城经济开发区被评为“巾帼文明岗”

2011年4月，老城经济开发区被评为海南省“人民满意的公务员集体”荣誉称号

老城经济开发区被评为2011—2012年度“青年文明号”

老城经济开发区投建的“扬起世纪风帆”雕塑

中华全国妇女联合会巾帼文明岗、中国最佳投资环境开发区、中国十大最具投资价值开发区、海南省模范劳动关系和谐工业园区、海南省工业经济发展突出贡献单位等称号和奖牌。

截至 2018 年年底，先后入驻老城经济开发区的企业 3339 家，其中，软件园区企业 815 家、房地产企业 124 家；第二、三产业协调发展，2005—2015 年，开发区内总产值、财政收入、固定资产投资等均以 20% 以上的幅度快速增长。开发区走出一条以工业化带动城镇化，城镇化促进工业化的“两化互动”健康发展路子。

2018 年，开发区完成生产总值（GDP）200 亿元，规模以上工业总产值 122.06 亿元，比 2017 年都有所下降。开发区内产值 20 亿元的项目有 4 家，产值、投资亿元以上的企业（项目）70 家。固定资产投资 218 亿元，全口径财政收入 43.98 亿元。税收总额 38.69 亿元，占全县税收收入的 73.3%，占全省的 7.1%。

海南生态软件园 2007 年 6 月 6 日，省委、省政府与中国电子信息产业集团有限公司（特大型央企、世界 500 强）签署战略合作协议，共建海南生态软件园，发展电子信息产业，为海南信息智能岛建设提供信息化支撑。2008 年 11 月 6 日，海南生态软件园集团有限公司成立，按照“政府支持，市场化运作”的模式负责园区开发、招商、运营和管理。

海南生态软件园一期规划面积 2 平方千米，二期规划面积 14.5 平方千米。位于海南岛西侧、盈滨半岛美伦河畔。发挥海南环境、政策、政务三大优势，打造区别大城市，

2007 年 6 月 6 日，中国电子信息产业集团有限公司与海南省政府签订战略合作协议

集工作、生活、商务休闲、教育、医疗等于一体的互联网“微城市”、15 分钟生活圈，实现事业、家庭、健康平衡新主张。

海南生态软件园 2009 年 10 月正式开工建设。截至 2018 年 11 月底，已吸引腾讯、华为等 3512 家企业落户。2017 年，实现税收 14.31 亿元。2018 年 1—11 月，实现税收 19.43 亿元，同比增长 48.77%。海南腾讯生态村、中国游戏数码港、中国智力运动产业基地等一批项目相继落户，是海南发展互联网产业的重要载体和平台，也是中国互联网产业新的集聚地。

软件园区先后被科技部认定为海南唯一的“国家级科技企业孵化器”，被工信部认

海南生态软件园 A 区

海南生态软件园 C 区沃克公园

定为“国家级新型工业化产业示范基地”“国家中小企业公共服务示范平台”“国家微型小型企业创新创业示范基地”。同时，也被认定为海南省首批文化产业示范园区和文化

软件园内的百度、火币公司

腾讯众创空间华为云计算中心内景

腾讯众创空间华为云计算中心外景

产业重点项目，并先后获得“中国领军产业园区”“中国电子青年文明号”等称号。

园区打造高品质配套设施，花园办公系统、居住配套、商业配套第三时间商业街、商务配套蓝海钧华大饭店、国际幼儿园均已投入使用，K12一贯制国际学校ischool微城未来学校在建设中。

国际幼儿园

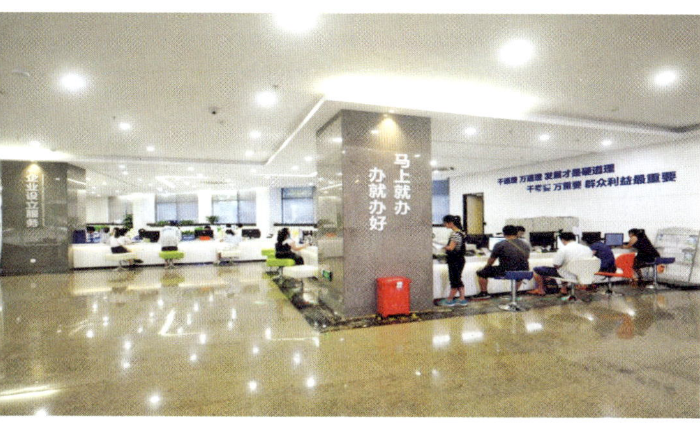

"一站式"企业服务平台

海南生态软件园首批 100 亿级项目集体开工

2014 年 1 月 22 日，国家级科技企业孵化器授牌仪式在海南生态软件园举行

2018 年 5 月 9 日，海南生态软件园举办"献礼新海南，贡献自贸港"主题系列活动。海南腾讯生态村、中国游戏数码港、中国智力运动产业基地 3 个 100 亿级项目集体开工建设，同期开工的 ischool 微城未来学校占地面积 17 万平方米、投资 18 亿元，学校涵盖小学、初中、高中教育。9 月 15 日，小学部公寓楼完成封顶。

2012—2013 年，园区有 18 个项目获得科技部科技型中小企业创新基金资助，占全省总数的 40%；首届海南创业英才计划中，有 7 名创业英才来自海南生态软件园，占全省总数的 38.8%。截至 2018 年年底，园区取得专利 122 件，获得软件著作权 1120 件，有高新技术企业 37 家。

海口综合保税区

位于澄迈县老城经济开发区，面积 1.93 平方千米，属于海口市的"飞地"园区。是国务院批准设立的海关特殊监管区域，是中国第四个综合保税区。由原海口保税区异地转型升级而来，2011 年 3 月正式封关运行，是海南省开放层次最高、优惠政策最

海口综合保税区

多、功能最齐全、手续最便捷的海关特殊监管区域，是海南开放型经济的重要引擎，是海南自由贸易试验区建设的前沿窗口。主要功能是发展保税物流、保税加工和保税服务等；具备对外贸易，国际采购，分销配送，国际中转，售后服务，商品展示，研发、加工、制造，仓储物流，口岸作业地九大业务。海口综合保税区对老城的工业、农业、物流业、旅游业、加工业、商贸业都起到极大的辐射和推动作用。

发展历程 2015 年 1 月 14 日，海关总署正式批准在海口综合保税区开展钻石通关一体化政策创新试点，同等享受上海钻交所零关税政策，成为全国唯一拥有该政策的保税区。

2015 年 11 月 28 日，海口首架保税 SPV 租赁进口的空客 A330 飞机抵达海口美兰国际机场交付航空公司使用，标志着海口飞机租赁业实现了零的突破，海口综合保税区也成为中国四个自贸区之外实现飞机保税融资租赁业务的首个综合保税区。

海口保税区钻石珠宝店开业典礼

保税仓储（2018 年）

2017 年 9 月 4 日，海口综合保税区跨境电商平台投入运行，跨境电商产业园初步建成。

开展飞机融资租赁、探索开展保税服务贸易，国际商品直营、钻石珠宝、跨境电商、保税文化、钻石通过一体化试点，外贸综合服务体等。

黄金珠宝产业　依托海关总署赋予海口综合保税区“钻石通关一体化”政策，打造黄金钻石珠宝产业园。

保税仓储物流业　海口综合保税区充分利用海关特殊监管区域的政策优势，积极发展橡胶、名贵木材、大宗商品交易等业务，区内大宗商品呈多元化发展。

跨境电商外贸综合保税区　在开展原有保税备货模式（B2B2C）业务的同时拓展跨境直邮模式（B2C），率先在全国实行“跨境电商 + 新零售”新模式，让海南消费者在

跨境电商产业园

海口综合保税区的员工忙于跨境电商业务

家门口就能买到全球优质商品。

服务贸易业务 一是检验检测业务。开展飞机检测维修业务；开展手机、笔记本电脑等电子产品的保税检测、测试和维护业务；打造研发培训和维修检测中心。二是开展融资租赁业务。逐步将保税融资租赁业务从飞机、模拟机领域向健康医疗器械及南海油气开发设备领域拓展。三是开展离岸金融业务。完善园区政策支持，加强与浦发银行、中国交通银行等具有开展离岸金融业务资质的银行合作。四是推进“国家对外文化贸易基地（文化保税园）”建设申报业务。

招商引资 海口综合保税区贯彻落实省政府办公厅《关于促进总部经济发展的工作意见》要求，加大招商引资力度发展总部经济。截至 2018 年，中国旅游集团国内总部正式从北京迁入海口综合保税区，注册资本 158 亿元；中国免税品（集团）有限公司已在海口综合保税区完成注册中国免税品集团（海南）运营总部有限公司，并将其直接持有的 83 家全资或控股子公司股权划转给中免海南公司。另外，国家开发投资集团有限公司、中国邮政集团公司、中国铁路投资有限公司、国机汽车股份有限公司等多家央企也在海口综合保税区注册成立区域总部企业或运营企业。

截至 2018 年，累计完成营业总收入 3305.46 亿元，年均增幅 13.53%；累计完成园区税收 13.26 亿元，年均增幅 12.62%。共有注册企业 481 家，代表性企业有涉及商贸服务业的海航技术等，现代物流及跨境电商产业有嘉里大通、中铁冷链、高培乳业等。

海南生态智慧新城 海南生态智慧新城是继海南生态软件园之后又一新型信息产业重点项目。2014 年，签订项目落户。2015 年 6 月，启动智慧新城土地征地拆迁工作，

海南生态智慧新城现场指挥部

同时开始园区“四横一纵”的路网工程、河道整治工程、绿化景观工程建设。

海南智慧新城规划用地面积约 9 平方千米，规划建设用地面积为 5.87 平方千米，人口规模 3.6 万人。以软件研发、软件外包、IT 培训、呼叫中心、互联网媒体等为主要方向，吸引世界知名 IT 企业和本地企业入驻。

海南生态智慧新城（海南生态软件园二期）“十三五”规划建筑面积 14.5 平方千米，按照“一里一聚落、一舍一方田、一水一公园、一隅一天地、一键一世界”的建设理念，在保护好当地果园、农田、河流的同时，以人的需求为导向，为入园企业员工引入共享汽车、自行车。将自行车道和跑步道，通向新城内每一栋建筑，把工作、生活、休闲等互联网人一天的需求规划在 15 分钟步行范围内，上班、上学均可步行或使用共享

海南生态智慧新城新貌

交通工具，打造“15 分钟生活圈”，实现事业、家庭、健康平衡新主张，创造“看得见山，望得见水，记得住乡愁”的未来城市生活新模式。

2018 年，在产业培育方面，园区与腾讯合作的腾讯生态村、与国家新闻出版广电总局支持打造的“中国游戏数码港”、与国家体育总局支持打造的“中国智力运动产业基地”等项目已落户。

名人与名镇

老城历史悠久，人杰地灵。据史料记载，老城有进士 1 人，举人 19 人。古代有南宋道教五世祖、海南历史上第一位诗书画家、随母亲在老城东门市生活长大的白玉蟾；明代有进士洪溥。近代有中华人民共和国开国少将马白山、华南解放区代表团代表李独清，以及著名晶体学家吴乾章等。

人物传略

老城历史悠久，人杰地灵。据史料记载，老城有进士 1 人，举人 19 人。近代有中华人民共和国开国少将马白山；著名晶体学家吴乾章、数学家拔南村人王才壮、谭才村人当代诗人冯麟煌、钢科技专家罗驿村人李道庆和李述创等。全镇共有省级干部 2 人，厅级干部 15 人，处级干部 149 人，高级专业职称 179 人，劳动模范、先进工作者 58 人，有革命烈士 138 人，离休老干部 95 人，还有一批改革开放以来涌现出来的民营企业家。

李夫人（1400—1469） 丘濬母，澄迈县老城王村贡生李易周之女。出身士绅之家，知书识礼。嫁给琼州府府城西厢下田村（今海口市琼山区府城镇金花村三横巷）丘传，生子丘濬。丈夫去世时，李夫人 28 岁（一说 22 岁）寡居守节，历尽辛苦，"课其学业"，孜孜不倦。每日五史鸡鸣就起来，伴儿子诵读；儿子上学归来，问其功课，询其交游。当儿子游学帝京担任要职时，仍然教育儿子"戒谆谆以忠谨，图报国恩为言"。正是这

丘濬画像

《丘濬集》

种家庭教育的潜移默化，造就了一代儒学大师济民、养民、安民、亲民的思想品德和高尚情操。丘濬于明景泰五年（1454）中进士，官至一品文渊阁大学士，40 余年居于京都担任要职，最后入阁，位极人臣，是明代著名的政治家、史学家、理学家、文学家和经济学家。李夫人被封为一品诰命夫人。

李震器（生卒年不详） 元代老城镇罗驿村人。祖籍福建泉州。青年时随父亲李福庆外出游学。至治元年（1321）任乾宁训导、儋县直学。元至治三年（1323）参加湖广乡试，中举。元泰定元年（1324）升任澄迈教谕。至元元年（1335）升任廉州学正。

明永乐九年（1411），李震器之子李惟铭中举，接着李惟铭之子李金在景泰四年（1453）乡试折桂，祖孙三人都中举，成为地方上的佳话。

洪溥（生卒年不详） 祖籍琼山县下洋村，随父亲洪怡宽迁居澄迈县恭顺乡坊郭都（今老城镇老城圩）。明永乐元年（1403）中乡举，明永乐二年（1404）赴京参加会试，同琼山县唐舟、石祐、陆普任等人中甲申科进士，名列三甲 221 名，为澄迈县第一个进士。任泸溪县知县，后升任交趾谅山府（今越南北部）同知。后还乡。

吴景晖（？—1486） 澄迈县倘驿都（今老城镇）倘村人。高祖吴霜原籍福建省福清县侯山下村。南宋隆兴二年（1164）任大理寺评事，同年任澄迈县令。宋乾道六年（1170）落籍澄迈县贵平乡倘驿都倘村（今老城镇白莲居委会）。深受吴氏先辈的影响，吴景晖从小胸怀大志，学习勤奋。明成化十六年（1480）中举，任广西桂林府推官。

明成化二十年（1484），桂林府贺县百姓因田地权属问题发生争端，有十多个村庄的千余名乡民参加械斗，双方死伤多人。县府派去平息民事的一名官员被害。为制止事

吴景晖故居

吴景晖故居内景

态继续恶化，吴景晖自告奋勇领命前往，在平息事件中不幸殉职。消息传到桂林，万民挥泪哀悼。当朝上下，百官以挽联、挽诗寄托哀思，雷琼兵备道按察使司副使古其然题挽诗云:“读书固不为身计，报国哪知是祸媒。”光绪《澄迈县志》收录其诗《舟中和韵一步前韵》等 2 首。

吴景晖故居位于倘村东北，是高祖吴霜卸任后建的一幢五间大屋。为木石结构传统民房，坐西朝东，柱梁穿斗结合结构，悬山顶，中间设有堂厅，左右各两间厢房对列。堂厅 30 多平方米，各房 20 多平方米。吴景晖为国捐躯后，这幢古屋被其后代子孙多次维护修葺，使原貌得以保护至今。为县级文物保护单位。

吴氏后裔吴逊之（吴景晖之孙）、吴应秋 2 人中举，17 人应取贡生。他们当中有 6 人任知县，2 人任教谕，5 人任训导，1 人任千总，其中尤以吴逊之功名最盛。

吴逊之（生卒年不详）　字义卿，吴景晖之孙。老城镇倘村人。明万历四年（1576）中举，任广东潮州府澄海县教谕。万历二十二年（1594）任应天府（今南京市）考试官，因博洽经史，工精诗文，有超人慧眼，所取学子后均为贤人名士。吴逊之被称为伯乐，名扬江南各省，成为考官的楷模。吴逊之勤政爱民，因过于劳累病逝于任上。他去世时家贫如洗，连草席都是破旧的，床上没有蚊帐，四壁萧然，家中堆积的只有书籍。民众对他的逝世十分哀痛，志书记载“哭声如潮”。

李恒谦（1788—1859）　字子益，号地山，澄迈县恭贵乡倘驿都（今属海南省澄迈县老城镇）罗驿村人。儿时随父亲在贵州清镇县生活，平时注意个人品德修养，从小就养成乐学好施、尊长爱幼的秉性。少年时虽然体弱多病，但是学习刻苦用功，日渐成器，被选取为监生。

清嘉庆二十二年（1817）任云南大理府弥渡通判。道光四年（1824）任丽江知县，后升任镇雄州、剑川州知州。因政绩卓著，道光七年（1827）升任云南龙陵同知，后调任思茅、安平、腾越同知。道光二十六年（1846）又升任云南开化府知府，后调任永昌、丽江、澄江、曲靖府知府。任永昌府知府时，朝廷钦加按察使司衔，赏戴花翎。

李恒谦政简刑清，多善政。在丽江、思茅、腾越时案不留牍，狱少冤民，视民如家人，防患于未然，御灾于未发。此后，绥边应变之才崭露，妥善解决和处理了云南永昌地区回汉民族冲突事件，同时又捐出自己的养廉银为当地民众办实事。他推行富民政策，帮助当地群众发展农业生产和恢复商贸活动，得到群众的拥戴，维护了民族团结和社会安定，推动边疆民族地区的平稳发展。他还注意调整税赋政策，减轻百姓负担，造福一方。从此，李恒谦声名鹊起，所在任官之地，群众无不佩服。

李恒谦深知教育能开启民智，振兴国家。在任上虽然万事扰纷但始终不忘办学兴教。任思茅同知时，首创思茅文庙，开教化，佐文明，凡有意愿参加科举考试的，不吝捐金，解决贫寒生员考试旅途各项费用，致使他离任多年，思茅百姓一直对他念念不忘。身在数千里之遥的云南，仍心系梓里。道光三十年（1850），澄迈澄江书院没有膏火修金之费，贫穷生员赴省、京城参加乡、会试旅途费用困难，李恒谦毫不犹豫慷慨解囊，先后共捐俸薪纹银6000余两。他对澄迈道路、桥梁、庙宇建设修缮，均捐金支持。曾捐资铺筑村中大小石道30条，计3500米；建3座石桥。

李恒谦以廉勤俭朴有名，当官40年未增置产业，故里老屋面貌依旧。自己的俸薪一半施给别人一半办公。他以廉勤忠厚、崇俭克奢为内容，定有家训八条，挂于宗祠之中，以教族人。他到府、州、县地宣讲上谕、国学和国家法律条文，自称是小学生；公事巡视乡都也是如此，教诲各民族士民知礼懂法守法。清咸丰七年（1857），奉命处理曲靖民族纠纷善后事宜，劳累病倒。九年（1859），逝世。

广东连州训导许昌龄赋诗《李地山公赞》一首，称赞李恒谦“重义轻财，圣贤步履。道德经纶，乡贤从祀。先生之风，高山仰止。”为追怀李恒谦功德，后人建阁，永志纪念。

李福庇（生卒年不详） 倘驿村人。立村始祖李文英之孙、李弥高第三子。袭兄职升为千户将。据族谱记载，李福庇带兵剿匪平乱，能征善战，作战骁勇，屡建战功。在一次作战中不幸跌入敌阵陷阱，被利签刺重伤。其战马跳出陷阱，极力用嘴咬住李福庇的手指往上拉。因李福庇伤势过重，已身亡，战马便咬下他的手指含在口中，飞驰回家。战马最

李福庇雕像

终腾空鸣叫报信，倒地而亡。家人将李福庇的手指和战马一起埋葬，称为“手指墓”。因仅拇指和战马归乡入葬，李福庇又被称为“指头公”。李福庇死后，为表彰他捐躯沙场尽忠之壮举，朝廷特加封谥号“忠烈”。乾隆二十二年（1757），倘驿村后人建忠烈祠奉祀。

马白山（1907—1992） 原名马家声，澄迈县马村人。1927 年 9 月，参加中国共产党。土地革命时期，担任中共马村党支部书记、澄四区区委书记、红军分队队长。1929—1932 年，被派遣到南京中央军官学校学习军事，后在上海从事中共地下工作。1932 年回到海南，在昌感县（今昌江县）第二小学以教书为掩护，开展中共秘密工作，任中共党支部书记。1937 年，任中共昌感县委委员。1938 年 12 月 5 日，任琼广东省民众抗日自卫团第十四区独立队副队长。1939 年 3 月，任总队副总队长兼第三大队大队长。1940 年 7 月，兼任独立总队西路指挥部指挥，统一指挥第三、第五大队行动，为美合抗日根据地的建设做出贡献。1942 年 4 月，组建第四支队，任支队长兼政委。

马白山

抗日战争胜利后，历任广东省琼崖游击队独立纵队第四支队长，中共琼崖区党委委员、区党委军事部部长，中国人民解放军琼崖纵队参谋长、纵队副司令员、中共西区地委书记兼第一总队总队长、政委，分别担任春、夏季两个攻势的前线副总指挥。1949 年 7 月，被中共中央指定为琼崖区的代表，到北京参加中国人民政治协商会议第一届全体

马白山故居

会议，并登上天安门城楼参加开国大典。会前，受到毛泽东、刘少奇、周恩来、朱德等中央领导的接见，还应邀到朱德住所作客。

1950 年 3 月 26 日，马白山主动要求会同四十军一一八师政治部主任刘振华率领一个加强团渡海，在澄迈玉包港强行登陆，突破了敌军所谓的“立体防线”，为人民解放军大规模渡海作战、解放海南岛做出了重大贡献。

海南解放后，马白山任海南军区副司令员。历任海南军区党委常委、中共海南区委常委。1955 年，被授予少将军衔，荣获中华人民共和国二级独立自由勋章、一级解放勋章。

1981 年 1 月，任解放军海南军区兵团副职顾问。1983 年 8 月，按正兵团职待遇离休。1988 年 8 月，被授予一级红星功勋荣誉章。马白山是第一届全国政协委员，第四、五届全国人大代表。1992 年 8 月 3 日，在海口逝世。

马白山的独立自由勋章

马白山的解放勋章

为了铭记马白山对海南革命事业的卓越贡献，海南省、澄迈县于1997年在马白山的故乡澄迈县马村镇的西南海边建造了马白山将军纪念园。纪念园门亭台阶分四级，共33层，第一至第三级共23层，象征马白山是坚持孤岛革命斗争23年红旗不倒的老战士。

马白山将军纪念园是海南青少年爱国主义革命传统教育基地之一。

吴乾章（1910—1998） 又名吴宗朱，英国曼彻斯特大学博士后，中国科学院物理研究所研究员。老城镇拔南村人。1928年，初中毕业后，因为当时海南没有设置高中班的中学，他直接考入南京中央大学。1933年，南京中央大学物理系毕业，并于次年考入中央研究院物理研究所。1936年研究生毕业，留在中研院物理所任助理研究员。

吴乾章

1941年9月，吴乾章等3人冒险穿越日本占领区到福建崇安参加日全食与地磁场关系的观测，首次获得我国日全食对地磁影响的完整资料，写成《1941年日食观测报告》，发表于次年的《日食观测委员会专刊》。

中华人民共和国成立后，吴乾章放弃正在国外攻读的学位，返回祖国，在刚刚成立的中国科学院应用物理研究所工作。吴乾章的精深学识、学风以及为人受到同事们和学生的称赞。吴乾章利用X射线衍射分析方法对耐火材料的耐用性进行研究，对我国的X射线衍射分析研究起到了奠基作用。1958年，吴乾章用原子能所用中子衍射方法研究晶体结构，并组织了把X射线、电子和中子三大衍射技术结合起来进行互相补充的研究，为推进晶体结构研究和培养人才做出了重要贡献。

吴乾章是中国硅酸盐学会晶体生长与材料专业委员会的奠基人和创建者。

1978年全国科学大会后，吴乾章发起筹建全国性的人工晶体生长学术团体，并担任晶体学研究室主任、所学术委员会委员等职。此外，还先后在中国原子能研究院、中国硅酸盐学会、北京硅酸盐学会、四机部11所、地质部地质力学研究所等单位兼职。

长子吴光恒是中科院物理所研究员、博士生导师、中国科学院知识创新工程凝聚态物理中心暨磁学国家重点实验室课题组组长；次子吴建永是美国乔治城大学神经生理学教授；三子吴进远是美国费米国宝实验室高能物理高级工程师。吴乾章的三个孙子、孙女也留学美国攻读硕士、博士学位。

1990年，拔南村宗亲在吴氏宗祠为他立有一方鋈有“吴宗朱，英国曼彻斯特大学博士

吴乾章故居

后、中国科学院物理研究所研究员”字样的石碑。2010 年 10 月，中科院物理所召开“吴乾章先生百年诞辰纪念会”，并编撰《纪念吴乾章先生诞辰一百周年》专辑，也以精神承传的方式纪念吴乾章。

李独清（1912—2005） 又名李作诗，澄迈县罗驿村人，罗驿村李氏始祖李文英的裔孙。毕业于北京中央高级党校理论班，为研究员。

1935 年，李独清任澄迈县第二高小学校校长。1938 年，组织抗日武装参加琼崖抗日独立队（后称琼崖纵队）。1941 年，任中共澄迈县委书记，后兼任县长、中共琼崖区

李独清在振兴海南联谊会澄迈分会上讲话

党委委员。1948 年 11 月，代表中共琼崖区党委赴中共中央所在地西柏坡李家庄汇报琼崖武装斗争情况，受到周恩来亲切接见。1949 年，被选为华南解放区代表团代表（琼崖区共有 3 人）出席中国人民政协第一届全体会议，并参加开国大典。会前，受到毛泽东、刘少奇、周恩来、朱德等中央领导的接见。

海南解放后，李独清先后任海南财委副主任、海南行政公署副主任，后兼任区党委统战部部长。1995 年 6 月，任广东省工业厅副厅长、省政府工业办公室副主任。1958 年 11 月，任华南工学院党委书记、副院长。“文化大革命”中受迫害。1979 年 3 月，调任广东省民委副主任兼任民族学院代院长。1983 年 11 月离休，享受副省级待遇。2005 年 4 月，逝世。

李独清晚年曾任广州地区老战士联谊会琼纵分会名誉会长、广东振兴海南联谊会副会长等职。他参加岭南诗社活动，爱写旧体诗词，抨击黑暗，歌颂光明。著有《晚霞诗草》词诗集，写有诗词 200 多首。其代表作被选入《岭南千家诗集》《岭南诗词选》《中华诗魂》《当代三百家诗词选》《中华诗词五百家》等。

名人与老城

冼夫人与老城的千年之缘 冼夫人在中国历史上是维护祖国统一的民族英雄，被周恩来誉为“中国巾帼英雄第一人”。虽然在史书中至今没有找到她到过海南的记载，但在海南有 100 多个纪念她的宗祠寺庙，有专门纪念她的军坡节，有来自民间各种各样如亲临其境的传说，还有耳闻目睹的史记、族谱、村史的记载。老城镇石礶村更是和她结有千年之缘。

现还留有传说中的冼夫人饮马湖；村里有冯氏大宗祠，经冯氏宗亲修谱寻踪，最后确认冯氏大宗祠是奉祀冯氏开基海南的肇始之祖。宗祠为三进房建筑格局，一进为冯宝的将军第；二进为谯国夫人殿，有冯宝和冼夫人并肩端坐神台的大塑像；三进为安放冯氏自肇琼始祖以来各世祖神牌，冯宝和冼夫人的神位也排列其中。石礶村附近的富昌山建有冼夫人衣冠冢（石墓）及其后代的冯氏古墓群，为县级文物保护单位。

冼夫人画像

苏轼与老城通潮阁 北宋绍圣四年（1097），苏轼接旨离开已经谪居三年的广东惠州，被贬到孤悬海外的琼州昌化军安置。同年，苏轼起身赴琼州。

澄迈老城是苏轼登临海南的第一站，也是他相隔三年后离开海南的最后一站。据记载，苏轼与儿子苏过离开了已谪居三年的广东惠州，渡海那一天海况顺利，苏轼与儿子在澄迈县城（今老城社区）港口登岸。苏轼到达澄迈之后，先赴琼州府报到，逗留 10 多天，再和儿子从澄迈老城起程，经临高到泊潮（今儋州市光村镇）上岸。自此，澄迈的名字和苏轼的名字有了联系。在苏轼《海外集》中有《澄迈驿通潮阁二首》《六月二十日夜渡海》，其中的名句“九死南荒吾不恨，兹游奇绝冠平生”就是苏轼在老城为古地澄迈留下的著名诗篇，也是苏轼在海南留下的最后一首诗。

虽然通潮阁已不复存在，但苏轼有诗文记录他北归待渡的情景。《宋元名人画册·渡海帖》中有详细的记录。因此，澄迈通潮阁将与苏轼的名字同在。

老城义士赵梦得 赵梦得（生卒年不详），一说他是儋州人，长年居住老城，来往广西桂林做生意；一说他是老城人，与苏轼认识后，经常来往儋州，与苏轼对酒话诗。据宋周必大《二老堂诗话》记载，苏轼贬斥海南儋耳时与赵梦得相识，赵梦得为人仗义，趁出海经商之际探望苏轼的家人。苏轼在海南三年，因为得到赵梦得相助，感激甚深，于是作书相送，为赵梦得在老城的居所二亭分别题额“清斯”和“舞琴”。后来，苏轼北还途经老城，不料当时赵梦得出海经商未归，苏轼在赵梦得儿子的招待下，在赵梦得家居住数天。苏轼离去之前，给赵梦得留下《致梦得秘校尺牍》。

白玉蟾童年在老城 白玉蟾，封号紫清明道人，道教南宗五世祖，全真南宗派之创立者。南宋绍兴四年（1134）出生于典读村（今海口市琼山区）。因其母梦到一只白色蟾蜍，后生玉蟾，故取名玉蟾。父亲葛振业，玉蟾年幼时父亲去世，随母亲改嫁至澄迈县老城东门市永定村的一个白姓人家，从继父姓。永定村今无白姓人家，据老人回忆，民国时期，永定村居住着白姓、李姓十多户人家，白玉蟾的继父就是白姓的其中一家。清代曾任连州训导、顺德教谕的老城人许昌龄在《澄迈老城怀古》中有：“在昔赵宋时，题诗苏学士；又闻白玉蟾，东门是故里。”可印证白玉蟾年幼时居于老城东门市。民国时期，老城东门市白玉蟾故居门口立有一块石碑，高约 2 米、宽 1 米，碑顶作屋脊样式，碑两旁有两块石柱撑住主碑，远观如一座小庙。主碑上端从右至左阴刻“白玉蟾故里”5 个正楷字。1939 年，石碑被侵琼日军拆毁。

《白玉蟾全集》

白玉蟾自小聪颖过人，7 岁能吟诗咏赋，背诵经史。12 岁应琼山童子试，主考官命赋《织机》，他便即应而赋：“大地山河作织机，百花如锦柳如丝。虚空白处做一匹，日月双梭天外飞。”据明正德《琼台志》记载，白玉蟾出道前，曾在黎母山中遇神人，授以洞玄雷法，养真于儋州松林岭，自称道教南宗丹鼎派五祖。

南宋嘉定年间（1208—1224），宋宁宗命白玉蟾为太乙宫主事，撰述丹道之作。嘉定十一年（1218），宋宁宗降御香，建醮（道场）于洪州玉隆宫，白玉蟾“为国升座”，后又在九宫山瑞庆宫主持国醮。这是道教南宗丹鼎派创立以来获授的最高荣誉。

白玉蟾才华横溢，不但精通玄理，出口成章，文不加点；能诗善赋，还是画家、诗人。其画精于梅竹和人物肖像。其诗文多次刊印，有《白玉蟾全集》11 卷，约 80 万字。白玉蟾有《道德经章句注》，白玉蟾所作篆、隶、草书，所画人物、梅竹，恣肆超妙、奇拔俊逸，在闽、浙、粤、赣、鄂一带颇有影响。

海口佃（典）读村的白玉蟾纪念馆

明代从老城迁往金江镇雷宅村村民建的香山庙

老城东门旧址

在海南与白玉蟾有关的遗迹有四个。其一是佃（典）读村及村中的白玉蟾纪念馆。光绪《澄迈县志》记载，有个香山地，即今佃读村，为宋仙白玉蟾居住之地。因该地多香茅，故称香山。其二是香山庙。香山庙位于澄迈县金江镇雷宅村，庙堂供奉着香山公（即白玉蟾）神像。庙碑记载：雷宅村住民，原住老城圩坊廓都，明成化年间迁居金江市后，以姓命村名，并在村中建庙供奉白玉蟾。其三是白玉蟾幼年居住的老城永定村。民国时期在白玉蟾家门口立有白玉蟾故里石碑。其四是定安县的文笔峰。传说白玉蟾晚年回到海南归隐文笔峰，仙化时，在峰顶上的一块石头上登天而去，在石上留有他登天时的大脚印。

丘濬与老城的不解之缘 丘濬是明中叶著名的学者和政治家、经济学家。他历任翰林院庶吉士、翰林院学士、国子监祭酒、礼部尚书、会试总裁官、文渊阁大学士、户部尚书兼武英殿大学士。

丘濬 7 岁时父亲去世后，母亲多次带他到老城的外公家探亲。丘濬便深深地爱上了老城和他的亲人。所以，在他进京为官、身居高位后，还不忘曾养育过他的老城。

澄迈遭受有史以来的大灾害，盗匪猖獗，民不聊生，县城经常遭强盗抢劫和扰乱，政务无法处理，丘濬曾多次提议和促成县署的迁移。丘濬母亲李夫人去世后，得到皇帝的谕葬。丘濬放弃了在路途近、交通方便的家乡选择墓地，却到了路途遥远、交通不便、远离其家乡 40 千米外的现老城镇那统村选择墓地谕葬母亲。

张岳崧授业留题罗驿村 张岳崧是海南历史上唯一的探花。清嘉庆十七年（1812），张岳崧告养回故乡定安县高林村期间，受到澄迈县罗驿村友人李莹亭的邀请，踏访了罗驿村，并在李氏宗祠里为当地学子讲课授业。在罗驿村，张岳崧耳闻村中孝子李朝钦的故事，于是后来在他主编的《琼州府志》卷四十一“艺文·诗”中，收载有他赞美李朝钦所写的《李孝子歌》。此外，张岳崧为罗驿村撰写有《李氏合族谱序》《澄迈罗驿李氏祠堂记》《茂春李翁八秩大庆》《元哲太翁李老先生大人像赞》，并为罗驿村李氏始祖祠题写“万叶枝柯”匾额，为长房祠题写“仙树蟠根”匾额。

张岳崧为罗驿村始祖祠撰写了楹联，显出此村不同凡响的人文历史和家族源流，值得玩味。联曰：

祥自宋开，膺岁荐，登贡书，有创有垂于今为烈；
族从元茂，守边陲，任民社，乃文乃武振古如兹。

张岳崧题“万叶枝柯”

人物表

老城镇被评为国家级先进人物一览表

表 10

姓名	性别	籍贯	获奖时间	荣誉
马毓泽	男	马村	1950 年	中共中央军委授予的全国战斗英雄
曾祥衍	男	文大村	1955 年	国防部授予的全国战斗英雄
罗德刚	男	谭脉村	1960 年	国防部授予的全国民兵模范
王金花	女	罗驿村	1959 年	国务院授予的全国劳动模范
张乐漗	女	拔南村	1964 年、1979 年	全国劳动模范，全国三八红旗手
李述发	男	罗驿村	2003 年	全国五一劳动奖章
许莲桂	女	老城村	1983 年、1989 年	全国三八红旗手
罗春娥	女	谭脉村	2001 年	全国三八红旗手
李道庆	男	罗驿村	1990 年	国家教委科技进步一等奖
王式政	男	音臣村	2013 年	全国“人民满意公务员”荣誉称号

老城历史上有进士 1 人，举人 19 人（其中武举 1 人），贡生、监生、廪生、庠生等各类生员和官员 90 人。

老城历史上的进士举人一览表

表 11

类型	姓名	籍贯	朝代	最高职务	时间
进士	洪溥	老城村	明	交趾谅山府同知	明永乐二年（1404）中进士
举人	李震器	老城罗驿村	元	广东廉州学正	元至治三年（1323）中举人
	李惟铭	老城罗驿村	明	儋州学正	明永乐九年（1411）中举人
	吴溥	老城村	明	江西赣州会昌县教谕	明宣德十年（1435）中举人
	李金	老城罗驿村	明	赣州府于都县训导	明景泰四年（1453）中举人
	钟秀	老城仲音村	明	石埭县知县	明景泰四年（1453）中举人

续表 11

类型	姓名	籍贯	朝代	最高职务	时间
举人	童真	丰盈都拔南村	明	广西平乐府推官	明天顺六年（1462）中举人
	吴景晖	老城倘村	明	广西桂林府推官	明成化十六年（1480）中举人
	郑稽	老城丰盈村	明	落容县知县	明成化十九年（1483）中举人
	吴应秋	老城	明	不详	明万历元年（1573）中武举人
	吴逊之	老城倘村	明	广东潮州府澄海县教谕	明万历四年（1576）中举人
	罗兆魁	老城	明	浙江嘉兴府海盐县知县	明万历四十年（1612）中举人
	许邦伦	老城	明	浙江海盐县知县	明万历二十八年（1600）中举人
	钟王介	丰盈都儒宗村	明	不详	明天启四年（1624）中举人
	罗宏	老城	明	不详	明崇祯十五年（1642）中举人
	冯翔	老城	明	江西西安府通判	明嘉靖十年（1531）中举人
	冯嘉遇	老城	明	不详	明天启四年（1624）中举人
	陈鼎铉	老城	明	交趾市舶司副使提举	明永乐九年（1411）中举人
	林焕	老城	清	不详	清康熙四十一年（1702）中举人
	马时现	老城马村	清	尚友书院掌教	清道光五年（1825）中举人

白玉蟾画像（原载自明正德《琼台志》）

艺文杂记

艺文篇分古代诗文、当代诗赋、楹联、碑铭、约示家规、著作提要6个分目。主要收录有老城人描写老城的名作、老城人曾获省级以上奖项的名作、外地人描写老城的杰作或与老城有关的历史名人的作品。

古代诗文

致梦得秘校尺牍

苏轼

轼将渡海，宿澄迈。承令子见访，知从者未归。又云，恐已到桂府。若果尔，庶几得于海康相遇。不尔，则未知后会之期也。区区无他祷，惟晚景宜倍万自爱耳。忽忽留此币令子处，更不重封。不罪，不罪。

轼顿首

梦得秘校阁下

六月十三日

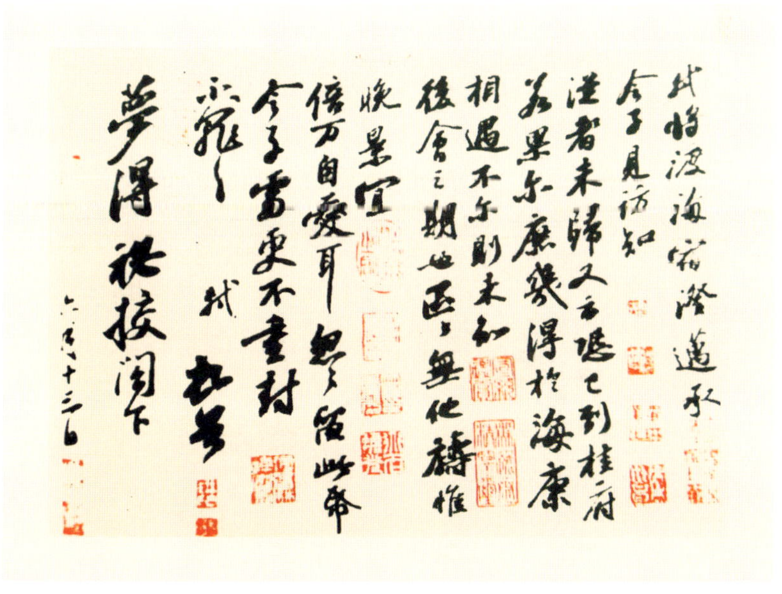

軾將渡海宿澄邁承
令子見訪知
從者未歸又云恐已到桂府
若果爾庶幾得於海康
相遇不爾則未知
後會之期也區區無他禱惟
晚景宜
倍萬自愛耳匆匆留此帋
令子處更不重封
不罪不罪　軾頓首
夢得秘校閣下
六月十三日

北宋元符元年（1100）苏轼居琼《致梦得秘校尺牍》手迹

伏波庙记

苏轼

《伏波庙记》

汉有两伏波，皆有功德于岭南之民。前伏波，邳离路侯也；后伏波，新息马侯也。南粤自三代不能有，秦虽远通置吏，旋复为夷。邳离始伐灭其国，开九郡。然至东汉，二女子侧、贰反岭南，振动六十余城。时世祖初平天下，民劳厌兵，方闭玉关，谢西域，况南荒何足以辱王师？非新息苦战，则九郡左衽至今矣！由此论之，两伏波庙食于岭南，均矣。古今所传，莫能定于一。自徐闻渡海适珠崖，南望连山，若有若无，杳杳一发耳。舣舟将济，股栗魄丧。海上有伏波祠，元丰中，诏封忠显王，凡济海者必卜焉。曰："某日可济乎？"必吉而后敢济。使人信之如度量衡石，必不吾欺者。呜呼！非盛德，其孰能然？自汉以来，珠崖、儋耳，或去或否。杨雄有言："珠崖之弃，捐之之力也。否则，介鳞易我衣冠。"此言施于当时可也。自汉末至五代，中原避乱之人多家于此，今衣冠礼乐班班然矣，其可复言弃乎？四州之人，以徐闻为咽喉，南北之济，以伏波为指南，事神其敢不恭？轼以罪谪儋耳三年，今乃还海北，往返皆顺风，念无以答神祝者，乃碑而铭之。曰：至险莫测海与风，至幽不仁此鱼龙。至信可恃汉两公，寄命一叶万仞中。自北而南洗汝胸，抚循民夷必精通。自此而北端汝躬，屈伸穷达常正中。生为人英殁愈雄，神虽无言我意同。

六月二十日夜渡海

苏轼

参横斗转欲三更，苦雨终风也解晴。
云散月明谁点缀？天容海色本澄清。
空余鲁叟乘桴意，粗识轩辕奏乐声。
九死南荒吾不恨，兹游奇绝冠平生。

澄迈驿通潮阁二首

苏轼

（一）

倦客愁闻归路遥，眼明飞阁俯长桥。

贪看白鹭横秋浦，不觉青林没晚潮。

（二）

余生欲老海南村，帝遣巫阳招我魂。
杳杳天低鹘没处，青山一发是中原。

别海南黎民表

苏轼

我本海南民，寄生西蜀州。忽然跨海去，譬如事远游。
平生生死梦，三者无劣优。知君不再见，欲去且少留。

织机

白玉蟾

大地山河作织机，百花如锦柳如丝。
虚空白处做一匹，日月双梭天外飞。

白莲诗

白玉蟾

渊明归西天，不作东林社。不见张昌宗，无人举此话。
谁家栽绿荷，薰风漾碧波。波底水晶空，化出玉姮娥。
嫣然冷无语，冰肌卧晓雨。东君如夏日，此花不受暑。
一点天然香，随风入画堂。折之置坐隅，窈窕弄玉郎。
忽然心绪变，如睹佳人面。寄语明月楼，莫贮双飞燕。

早春

白玉蟾

南枝才放两三花，雪里吟香弄粉些。
淡淡著烟浓著月，深深笼水浅笼沙。

游白石洞

白玉蟾

昔日曾上白石峰，哓吸丹井搴芙蓉。
坛前星斗光灿灿，凌空坐可摩飞鸿。
刘郎重到幽都观，东风不改桃花红。
谁向阴崖结虚实，石鲸饮涧水龙湿。
流泉叠磴发天閟，野蔓蘩篁自蒙密。
忽然飞雨来半空，不知林外犹残日。
引身东望沧海田，谷神洞口云绵绵。
琅玕珊瑚远莫致，且锄笋蕨烹春鲜。
此中佳趣不可传，我欲矫首问计然。
吴越兴亡迹如扫，山色依依青未了。
何年金鼎出空山？鸡犬余丹能却老。
短衣射虎自有人，共著青鞋拾瑶草。

入琼时舟中有感

吴霜

数层波浪接烟霞，云雨迷人漫自嗟。
鱼触舟停风气急，鸟过玄谷月魂斜。
梦回频听三更鼓，醒觉偏思万里家。
瞩目江山文物远，衣冠自是海天涯。

上廉访司

李震器

心持藻鉴手持衡，明察秋毫判断平。
节操风霜雪松劲，襟怀冰月驿梅清。
云开雾卷星河绕，雷厉风飞海岳惊。
倘为儒流坚砥柱，回澜一力赖宗盟。

澄迈老城怀古

许昌龄

（一）

荒城到处草芊芊，只为官抛十数年。
小驿曾留苏学士，故居犹忆白神仙。
春来矮屋少归燕，秋到高林仅听蝉。
自古兴亡关地运，离离禾黍感东迁。

（二）

城郭犹依然，胡为多荆杞？庙宇亦堂皇，胡为乏祭祀？
在昔赵宋时，题诗苏学士。又闻白玉蟾，东门是故里。
创自隋大业，屡圮屡修理。建立阅数朝，未闻变迁徙。
迨至光绪间，邑侯应德李（讳德重）。莅任衙署崩，暂住书院里。
诸生迫其出，建署金江市。又谕恭贵乡，修署我归矣。
重建新规模，造好官竟死。官去十数年，街道冷于水。
遥望北畔冈，何日得所止？

当代诗赋

六芹山怀旧

李独清

回忆六芹创业艰，雄心冲破夜沉沉。
重燃野火鼠蛇乱，力辟荒山草木深。
巧破填空寒敌胆，增援渡海壮军心。
当年炮火连天处，此日胶林一片荫。

海南，我的故乡[①]

冯麟煌

海南，海妈妈生出的　故乡，碧蓝碧蓝的摇篮，摇出
一片翠绿
翠绿的椰子　翠绿的香茅
翠绿的相思　翠绿翠绿的　海南
许多太阳的海南　许多春天的海南

大雁落脚，燕子飞来
风萧萧雨打芭蕉　雨潇潇润了天涯草
水牛河里打瓢漂　蛙鼓田中频频敲
几分杜牧的杏花春雨　几分李清照的绿肥红瘦
我的，我的
苏东坡酒壶里斟出的海南　齐白石墨池中浸染的海南

斟出的是诗，浸染的是画　五月来看凤凰花
爆霞流火，流火的海南　燃我满腔少年血
八月爬树摘椰子，摘成熟的团圆
一个一个月亮　从天上落到人间
十月下海捉螃蟹　捉红膏膏的十月　馋得梦里流涎水
腊月妈妈酿蔗酒　酿太阳，酿月亮
酿一个又香又醇的海南
挂在爸爸的脸上……
我的，我的　海南　有花有酒　有蜜有糖

糖里蜜里，也苦也酸　诗中画中，有风有雨
风风雨雨，风风雨雨，风雨里　我踏寻那间桄榔庵，踪迹渺渺

---

① 原载《中国文化艺术报》，1988年5月28日。

我瞻仰那座五公祠，幽思茫茫
我的，我的
大江东诗魂萦系黄狗花的　海南　唐宋铁骨风流千古的海南

风流的五指山，风流的万泉河　风流的丘濬
那首《五指山》的七岁风流　风流的海瑞
买棺上疏，风流的罢官　红叶题诗题出风流
搜书院搜出风流　风流岁月，走出
风流，风流的海南　彪南天正气　举烽火逐鹿

金鹿已回头，甘工鸟啼唤　打着葵伞的黎族，去赶三月三
唱龙滚谣　跳打柴舞　喝山兰酒　吃三色饭
夜了，夜了来放寮——男男女女，男男女女
悄悄，悄悄，啃那　槟榔果的芬芳
芬芳，芬芳的海南　风花雪月　蓝田种玉

这是飘香流蜜的土地　这是多风多雨的海南　这是如梦如幻的故乡

天涯呵，海茫茫　海茫茫，我来收割风浪
在盛产风浪的海南　拾几枚贝壳，海鸥
飞进我的向往　向往我的又热又辣的海南
弄潮大东海，潮儿洗涤　洗涤我涉世的劳尘，击打
我渺茫的心岸　心岸没有停泊的船
幽静与旷远，亚龙湾　携我拥吻，尽情地拥吻
诗神缪斯，捉捞　李白的月亮
呵那月亮，就是，就是　我的故乡，我的海南

采撷几粒南国红豆　海角生长的那几粒
王维相思的那几粒　几粒相思的海南

悄悄珍藏在心上，悄悄珍藏

海南，海妈妈生出的 故乡，碧蓝碧蓝的摇篮，摇山
一片翠绿 翠绿的明珠
翠绿的宝石 翠绿的太阳
翠绿翠绿的 海南
好多热血的海南 好多希望的海南

老城赋

王广元

澄迈署县，山水得名。澄江腾蛟，迈岭起凤。至隋大业，治所老城。圩场贸易，阡陌交通。光绪灾年，天怒人怨。圮圮堞坍，县城徙迁。老城亦然，生息繁衍。织布纺线，捕鱼种田。代有楷模，辈出典范。风脉堂堂，瓜瓞绵绵。巾帼冼英，定边靖安。魂归故园，留存衣冠。唐天宝年，鉴真扬帆。东渡扶桑，避风港湾。苏轼遭贬，谪琼居儋。文采斐然，辞章灿烂。姜生唐佐，得师真传。首破天荒，成绩斐然。纪公应炎，塞海造田。筹集善款，主修学馆。白玉蟾师，道教南宗。位居五祖，诗书画精。吴霜抗金，精忠仁勇。吴生景晖，登第坊名。仲音钟秀，布衣书生。乡试得中，立坊飞腾。吴士乾章，学贯中英。晶体学家，名垂汗青。马白山君，抗日将领。琼崖赤子，人民英雄。罗驿李姓，定南独清。两个战士，一村光荣。名村拔南，学士摇篮。桃李争艳，文星璀璨。白莲鹅肴，珍馐美馔。百食不厌，堪比御膳。龙吉贡米，富硒保健。明帝御封，丘濬举荐。文庙大成，景仰文圣。仁教德化，立言立行。关帝庙前，追思武圣。忠肝义胆，立信立名。广德桥上，布善施恩。扶弱济贫，立身立本。古码头边，寻迹问踪。先哲前贤，立德立功。独珠回峰，形似马鞍。落日熔金，玉兔衔山。双滩赴海，内外水帘。滩头听雨，平沙落雁。永庆丛林，苑翳虬盘。金玉大佛，古刹宝禅。大胜参天，耸峰叠峦。伏波屯兵，出师凯旋。北岸渔歌，疍舟唱晚。耕海牧渔，夕阳炊烟。伏波灵祠，功德圆满。

腾龙寺庵，天池书院。通潮飞阁，朝廷驿站。鸣锣开道，渐行渐远。美景如画，丽水秀山。寻觅记忆，流连忘返。盈滨半岛，休闲乐园。形似弯月，镶嵌海边。马村港湾，水深浪缓。黄金航道，一类口岸。经济开发，升级转型。石油石化，能源先行。五纵八横，九通一平。粤海铁路，物流配送。综合保税，超级功能。生态软件，数字运营。工业重镇，结构调整。光伏特波，科技支撑。旅游大镇，天涯若邻。门庭若市，宾客如云。文化名镇，笃学崇文。公序良俗，乡风如薰。老庙老寺，老道老僧。老塔老阁，老磬老钟。老桥老坊，老祠老茔。老圩老店，老船老津。老屋老井，老妪老翁。老城真老，道骨仙风。老城不老，欣欣向荣。日月光华，永远年轻。新市新街，新区新城。新楼新村，新画新景。美巢美造，美村美名。美且且美，美宁宁静。美榔美俗，美儒美文。美月美当，美玉美鼎。老城老成，万事万成。老城老诚，忠义忠诚。善良宽容，厚道谦恭。渔樵耕读，守创并重。长寿乡村，茶寿双亲。白寿夫妻，米寿子孙。旭日临窗，春风拂门。泽被桑梓，惠及里仁。盛世圆梦，梦想成真。康荣千秋，富庶万稔。

楹联

永庆寺楹联

自北宋开山即得东坡舀句蕉雨椰风开党路
欲西方礼佛且来南海参禅碧水金沙证菩提

永日任留连迈步金沙登净土
庆云多烂漫澄怀玉磬悟禅心

国社村姜氏宗祠楹联

琼岛呈紫气沧海何曾断地脉

羊城泼翰墨白袍端合破天荒

文大村曾氏祖祠楹联

文峰屹起英才辈出墨儒功成显祖德

大海潮涌士子连登贤淑名骚报宗恩

罗驿村忠烈公祠楹联

忠诚可凌云贯日

烈性秉赤胆忠心

石礶村将军第楹联

大树遗徽基开石礶

澄江衍派绩焕金华

龙吉村远侯庙楹联

龙神显赫垂万代

吉鼎照临水春秋

大成殿楹联

道冠古今

德配天地

关圣庙楹联

先武穆而神大汉千古大宋千古

后文宣以圣山东一人山西一人

大义在春秋慷慨一言成骨肉
丹心悬日月艰难百战识君臣

马村马伏波公祠楹联

银题流长
马骏千秋

碑铭

遵修圣宫设义学记

丘联甲

国家兴盛由人才，人才之兴本学校。夫子为万世之师，其道譬如日月，天下无不被其照临，譬如泰山沧海，天下无不仰其高而挹其深。故君人者，以其起学校为化民成俗之原，舍此虽圣人亦无以治天下必也。家有诗书，人尊孔孟，无论邦畿密迩，熏染日深，即海澨山陬，亦皆向风慕义，以求不弃于名教。五岭南来珠崖，向称粤东邹鲁，文章道德，辅佐当代，羽翼六经。如丘琼山、海刚峰两先生者，俱足以重一时而传千古。即澄邑之鸿飞鹊起，代不乏人。直至辛西，海寇窃发，城市荒凉，学宫折毁过半，后又遭飓风荡摇拔木发屋，向之所余，竟无有存焉者矣。癸亥秋，我邑侯吴公来莅澄江，公系延陵望族，起家两榜。下车之日，见学宫废缺，心窃疚焉。因谓甲辈曰："文运之兴，不大厄则不盛。寇飓之平地，澄学也；天将以大开，人文也。余莅任兹土，不能修废举坠，俾圣灵有所凭依，多士有所景仰，忝居民牧，其可以安？" 爰捐俸择吉，集工大造。首正殿，次两庑，复建棂星门，务期坚固久而规模宏整。工甫告竣而御匾适颁。黼黻文明，迄今罕覯。向之委榛芜没草莱者，一旦而歌美轮美奂矣。公因虑澄邑被扰之后，正殿废弛，士习安于固陋，文风狃于浅近，而不知返遵，设义馆延士林中之望者，拥皋比，开绛帐，誉髦俊秀，咸致之来。雅意作兴，有一言之几乎道者，必曲为引掖，以期知所未知，能所未能。多士亦群相鼓舞，期无负我公循循善诱之至意。行见进业，有阶步琼山而接刚峰之武，以上佐圣朝右文之治，则我公之振兴学校，以教育人才，其德与琼海迈山并其高深矣！甲虽不敏，敢不记之？

太宜人李氏墓志铭

太宜人李氏墓志铭

资善大夫、兵部尚书兼翰林院学士、知制诰、经筵官、淳安商辂撰文；承德郎、尚宝司丞、广平程洛书丹；征仕郎、中书舍人、吴郡李应祯篆盖。太宜人李氏，故赠翰林编修丘公传之配、侍讲学士濬之母，成化己丑三月七日卒于正寝。濬闻讣号恸，几无以生，已而，援例归守制，匍匐具事状，造予请铭。按状：太宜人讳荫，姓李氏，琼之澄迈县王村李氏女。父易周，母陈氏，生四女，家饶于赀，求聘者众，其三皆归富室。而于太宜人独严于择婿，得编修公踈俊豪迈，又仕宦家子，遂以妻之。太宜人自幼端庄，寡言笑，专用力于纺绩织纴，于纂组事一不以经意，曰：此女工之蠹耳。他姊妹争蓄私财，太宜人一无所取。母陈尝称之，以戒诸女。既归，执妇道惟谨，逮事姑舅，孝养备至。编修父思贻先生，家法严整，父子间轻财好施，延接宾容不计有无。太宜人承顺弗违，虽所有奁具用之弗吝。先生尝语人曰："自吾家得此妇，事无不如意者。"先生以训科秩满留京师，编修公遘疾，太宜人朝夕左右，目不交睫。公疾日增剧，性烦躁，稍不如意辄怒詈。太宜人顺适其意，惴惴焉，惟恐拂之。一日，忽呼太宜人，喻之曰："吾疾殆弗起，吾父远适，母垂老，二子幼稚，家无期功之属可倚。汝能养吾亲以终天年，抚吾子以俟成立乎？"太宜人唯唯曰："此分内事，无庸言。"公曰："汝能是，吾死不恨矣。"言迄而逝。将殓，两目犹瞪视，太宜人抚之曰："君瞑目，吾不食言。"目遂瞑。太宜人抚棺哀号，绝而复苏。丧葬之需，极力营置，举无遗憾。时太宜人年才二十八。长子源九岁，次子濬七岁。是月，家植竹生笋一本双干，人以为贞节所感。明年，先生归自京师，始克葬。既祥禫，太宜人仍素服蔬食，誓以终身。人有以其年少，讽使再适者，即痛斥绝之。早夜率诸婢治麻缕，督家僮力耕桑，以给衣食，未始暂逸。舅姑安其养，忘其老而无子也。每相谓曰："吾子死而有孙，妇能守志，可无憾矣。"其后，舅姑相继殁，丧葬悉以礼。二子就外傅，鸡初鸣即呼之起，暮归，必课其学业，问其所交游何人，有不如意，则痛加切责。源绍祖业医，用荐为临高县医学训科，濬补郡庠生，习举子业。太宜人出衣资，市书具、束脩，凡百所费，皆预为备无后时，以故，濬得致力于学，登乡闱首荐，擢进士甲科，入翰林为庶吉士，授编修。太宜人喜曰：“吾儿自幼好读书，今果遂其志，吾他日可以见其父于地下矣。”天顺丁丑，郡守以太宜人贞节闻，诏旌表门闾。明年，以子贵，封太孺人。濬自编修，进侍讲，至今官，太宜人屡致书，戒谆谆以忠谨，图报国恩为言，曰“毋以我为虑，有兄在侧，扬名显亲斯孝矣。”自奉俭约，每得濬所寄衣服簪珥之额，辄收藏弗用。其平生仁慈之德，贞节之操，乡人咸所敬仰。家有嫠妇，化之相与守志，终老者三人。太宜人生洪武庚辰三月初二日，寿七十。孙男四人：敦、陶、融、崑；孙女六人尚幼。先是海北寇聚道梗，濬欲归省未能。因太宜人寿旦，预命工绘庆寿图，求同官诗文寓归为祝。至，则郡邑大夫士暨乡闾亲旧毕来称贺。越二日，忽得疾，遂弗起。濬归，将卜以七年二月初六日，奉柩葬于那洪乡七星山之原。呜呼！贞妇贤母如太宜人者，世不可多得，可悼也已！濬方以文学见用，所造未量，太宜人身后之荣，殆未艾也。予与濬有斯文之宜，用序次其事而铭之。铭曰：妇德以贞，母道以贤，惟太宜人二者兼全。心无愧夫，即无愧天；天锡之庆，振后光前；富贵寿终，抑何憾焉。琢石镌铭，垂千百年。

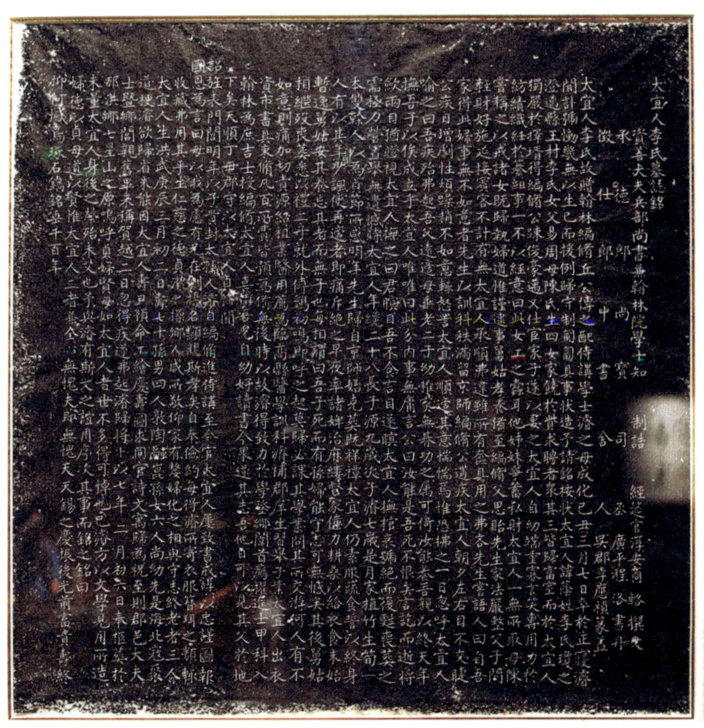

太宜人李氏墓志铭

约示家规

马村等八个村的团练立约勒示

（一）禁偷盗黑者，倘黑夜有盗来偷，无论牛马家物，一经抓获，禀约。凡在约中即者，村中父兄戒责议罚，使父兄知教子弟；即约外人除非来路贼，即在乡邻亦着亲人抵罪议罚。如抗约不准，由约送究。

（二）禁寻奸人妻女者，倘有强暴之徒见人妻女有色，偶无人见即思强之与从，或有人知，或有凭记，禀约议罚，连累亲人不准，送究。

（三）禁拐人子女者，倘有混骗之徒见人男女仆婢，稍觉愚梗，即引诱去卖，一经查出，禀约来议罚，凡如此类者，多家贫不安分之人，均累亲人，决不宽贷。抚约不准，由约送究。

（四）禁坐土分赃者，倘有贪婪之辈结交土匪，盗窃乡邻而安坐与共分赃，有人查出投约，即着议罚，亦累亲人，抚约不准，由约送究。

（五）禁窝家招赌者，倘有射利之徒，见人子弟放浪即引诱到家赌博，一经查出，传来到约议罚，以止赌风。如违约不准，由约送究。

（六）禁掳掠田园者，大凡人在世上多贫穷，均宜安守，倘有越分掳掠，无论日间夜间，俱投约议罚，以整顿仁心风俗。不准，鸣官究治。

（七）禁纵放牛马鸡豚鹜鸦等项，凡此皆系家畜，人人收养，倘有敢为纵放，以践踏百姓五谷，拿来投约，议钱三佰文入约外，又罚肉分赐擎戒，一正民心，以伸民气。如有违禁抗约，即将所放之物充公，任其所为均在约抵当，各宜谨慎，毋违是幸。

总理：冯桂三　马毓苑　罗缵光　王毓秀　李泰桐

协理：罗缵炬　冯敦福　马其祖　冯蕃芬　马其鉣　罗缵芳　罗宗极　曾世运　罗炳华　冯奕芬

督首：马其骝

马村马其宾支族祖训家规

父慈子孝，母贤女淑，兄友弟恭，姒和娣睦，风脉堂堂；修身养德，躬耕笃学，勤勉简朴，仁义善良，瓜瓞绵绵。凡我马家其宾支族子孙，须牢记祖训家规，立言立行。违者即究，屡教不改者责令出籍。自我约束，代代相传。

一、修身养德，至忠至孝。忠于国家，热爱故里。遵纪守法，热衷公益。国事为重，公事为大。体恤邻里，亲和乡党。先顾大家，小家为次。扶助名丁，栽培士子，崇礼尚文，维护良俗。常思祖宗之德，常温先贤之训。继承良好家风，营建和美家庭。孝敬父母为天，尊敬长辈为要，关爱兄弟姐妹，悉心生儿育女。

二、耕读传家，世代不辍严守校规，谨遵师训，师者为父，毕恭毕敬。按时作息，绝不逃课，全神贯注，专心致志。耳闻目睹，心领神会，博学强记，入脑入心。苦读复读，必定成才，报效祖国，恩养家人。掌握一技之长，学成行家里手。唯有读书求知，方能改变命运。达则兼济天下，穷则独善其身。

三、以善立身，善莫大焉宽以待人，容事度人。国家有难，身先士卒，为国立功，崇尚荣誉。社会需要，首当其冲。邻里有需，尽力相帮。朋友有难，义不容辞。造屋不求奢华，穿衣舒适即可。不吸烟酗酒，不赌博吸毒。不伤风败俗，不偷窃财物。不逞强斗殴，不出口伤人。诚实谦恭悲悯，略有盈余可捐。夹起尾巴做人，切忌张扬狂躁。

四、和衷共济是良方，以和为贵传家宝。父子亲而家不败，兄弟和而家不分。举家不和遭人欺，家庭和睦万事兴。父母要身体力行，儿女须谨遵父训。父去后长兄为父，母不在长嫂作母。兄姊要甘愿吃苦，子孙须学会吃亏。家人要常来常往，亲戚要互通有无。每年定时聚会，春节清明各一。

著作提要

《老城镇志》 2016年12月，海南人民出版社出版发行，王广元、吴孙兆主编。《老城镇志》是老城文化的一种载体，上溯隋代，下限2012年，共12篇，约70万字，详尽记述了古往今来、物阜民殷的老城，介绍了老城1000多年来的沧桑变迁，重点记述了解放后老城的自然、经济、军事、文化、社会和民俗风情等方面的发展情况，深刻总结了历史的经验教训，科学展示了事物的发展规律。该书可称为老城的百科全书、"一方之全史"。

《瑰宝老城》 2012年6月出版，王健全主编。绪者从报刊发表的各类相关文字资料和浩繁的历史典籍中筛选出46篇编成《瑰宝老城》。多方位、多角度向读者展示了老城1000多年县治的悠久历史和历尽沧桑、跨越9个王朝兴衰更迭而累积下来的、丰富多彩的古代文明，为有志趣开发利用老城历史文化宝贵资源的人士提供资料参考。

《星辰曾经灿烂——画说澄迈古县治老城》 2013年10月，五洲传播出版社出版发行，澄迈县老城旅游文化促进会编。《星辰曾经灿烂——画说澄迈古县治老城》以图文并茂的形式，从微观上再现古老城的壮丽河山、人文硕果、展现古老城在茫茫大宇破晓之前星辰般的灿烂。该书没有系统、全面地叙述老城的历史，只在历史长河的绚丽画卷中撷取一块美景，捕捉一个镜头，展示值得后人怀念、传承、弘扬以至自豪的历史实景。

《老城古文化保护和利用学术研讨会论文汇编》 2014年5月出版，澄迈县老城旅游文化促进会主编。全书共收集论文17篇，从老城历史文化资源的挖掘到老城古文化的保护利用，从发展老城旅游业的设想到提出具体实施的计划措施，全方位、多角度地做了很有创意的阐述和论证，为老城的旅游开发设计出一幅蓝图，为发展老城旅游业提供了很有利用价值的宝贵资料和意见。

大事纪略

大事纪略篇收录老城历史上12件大事，分别是隋代开邑老城立署，鉴真由老城离琼，苏轼往来老城，县城迁往金江，23年红旗不倒的革命老区，马村支部突破敌人封锁渡海送情报，风门岭阻击战，老城解放，老城经济开发区创建，老城、白莲、马村三镇合并，第二届人口老龄化长寿化国际研讨会召开，中国旅游小姐全球总决赛启动仪式。这些事件记录了老城历史上的重大转折，反映了老城重要的历史地位，也显示了老城在新时期的社会变化与时代特色。

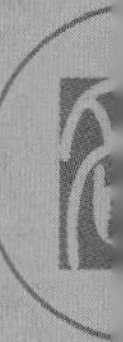

隋代开邑　老城立署

隋大业三年（607）原苟中地复县，县治初设今老城附近的澄迈村（久废），后移澄江坡（今老城圩），地属临振郡。因县治地临澄江迈岭处，故分别从澄江、迈岭各取首字命县名“澄迈”。至清光绪二十一年（1895），县治迁往金江，澄迈在老城立县署共1288年，历经隋、唐、五代、宋、元、明、清。

唐天宝七年（748）鉴真由老城离琼

唐天宝年间（742—756），扬州高僧鉴真应日本僧人之邀东渡，屡遭挫折未成。天宝七年（748），鉴真与日本僧荣睿、普照等人第五次出航，中途迷航，后来又遇台风，漂流至延德郡（今海南三亚）宁远河口。鉴真得到振州别驾冯崇债接待，并设斋供奉。鉴真居振州一年多，途经万安州（今海南万宁县），后辗转至崖州（治所今琼山）逗留三日讲经传道。到崖州后重建开元寺传授佛法，数月后到达老城，由澄迈县令护送从老城石礓港（今老城马村港）渡海北上扬州。鉴真主持修缮了振州大云寺，在崖州（今海南海口市琼山区）主持重建了开元寺。他在海南传播佛教，影响深远。

北宋苏轼来往老城

北宋绍圣四年（1097）二月，苏轼被朝廷贬为琼州别驾，移昌化军安置。四月十九，苏轼从惠州启程南下，六月到达琼州，从澄迈县老城港上岸，七月初二抵达昌化军。居儋期间，苏轼大力弘扬中原文化，姜唐佐慕名前往拜师求学。元符三年（1100）五月，苏轼遇赦北归，六月二十偕子苏过由澄迈县老城港登船北渡，海南当地父老数十人携酒相送。苏轼来往老城期间，结交了居住在老城的当地名士赵梦得等人。苏轼在老城游览胜景，望海听涛，留有《致梦得秘校尺牍》《六月二十日夜渡海》《澄迈驿通潮阁二首》等著名诗文。

清光绪二十一年（1895）县城迁往金江

自明成化元年（1465）到清光绪年间（1875—1908），澄迈县治所老城海上的海盗活动十分猖獗，仅史志记载的就有24次之多。海盗往往结队驾船而来，直闯港口，焚物掠人，洗劫遍野，横行几十里，百姓深受其祸，损失极为惨重。在海盗为害的同时，治所老城也是天灾频频，从明弘治二年（1489）到清光绪年间（1875—1908），县治地区前后发生20多次自然灾害，火灾、风灾、水灾、地震接连而来，其中水灾及地震的破坏力极为严重。面对海沙崩裂、田地龟裂、房屋倒塌、百姓惨死的惨状，县治所百姓人人惶恐，官心更是思迁。清光绪二十一年（1895），新上任的澄迈县令薛贺图下令将澄迈县治所迁往金江。从此，有1288年的澄迈县治所历史的老城完成其历史使命。

从土地革命到解放战争时期 23年红旗不倒的革命老区

1927年，马村人马白山经李兴佑介绍加入中国共产党，拔南村人吴法全、梁尚统和曾川临3人也同时加入中国共产党，他们在澄迈县第九区苏维埃政府当干部，成为老城地区最早的中共党员。1928年，老城地区先后建立的中共党支部有马村支部（书记马白山）、谭脉党支部（书记李昌惠）、五村党支部（书记劳家振）、盐丁党支部（书记王大惠）、白莲党支部（书记吴业廉）、夏社党支部（书记吴志卿）、文章党支部（书记林前监）。1928年12月中旬，中共澄迈县委在土艳白朗山正式成立，冯白驹任书记。1929年，中共澄迈县委组建澄迈县第四区委员会，直接领导老城地区的中共组织开展革命斗争。在海南的土地革命到解放战争时期，老城地区的中共党支部坚持斗争，不怕牺牲，被誉为23年红旗不倒的坚强堡垒。土地革命时期，老城地区的中共党组织主要是在农村组建赤卫队、农民协会、妇女联合会，动员参军参战；发动群众募捐；配合赤卫队拔除反动民团据点，摧毁盘踞多年的盐丁盐务局。抗日战争时期，老城地区的中共党组织主要是在农村成立青抗队进行救亡宣传和募捐活动；组织赤卫队与日伪军开展武装斗争。解放战争时期，老城地区的中共党组织主要从事募捐运动和迎接解放军渡海支前工作，为解放大军送情报、当向导。

1950 年马村支部突破敌人封锁渡海送情报

1950 年 1 月，从大陆到海南的国民党陆海空三军与国民党驻琼警备司合并，总兵力 20 万人，薛岳任司令。他们在老城地区的丰盈村、拔南村驻一个团，在文大村、东水港驻一个团，在马村驻一个营，在老城驻一个师，在沿海一带安扎重兵把守，筑起所谓的“伯陵防线”，布成铜墙铁壁合围之势，企图负隅反抗，阻止解放军渡海作战。同时，为防止岛内跟大陆通情报，国民党部队还封锁海岸线，禁止渔船出海，切断跟大陆联系。当时，中共澄迈县委为了配合解放军渡海解放海南岛，积极搜集情报，并将搜集的情报交由马村党支部送出。马村党支部党员不负众望，前后三次突破敌人封锁，成功地把情报送到海峡彼岸的解放军手里，为解放海南岛做出了贡献。

1950 年解放海南第一大战役——风门岭阻击战

1950 年 3 月 26 日，人民解放军于玉包港成功登陆，随后在雷公岛及福山突击战中取得胜利。4 月 20 日早晨，解放军四十三军一二七师三八一团警卫连攻占风门岭。21 日凌晨 3 时，三八一团一连进入“105”高地（即风门岭）阵地接防，阻击从海口增援美亭、黄竹的国民党军队。在战斗中，中共澄迈县委和澄四区委组织担架队，又动员附近的群典村、美著村的共产党员、民兵和群众上前线，为把守风门岭的解放军运送弹药、送饭送水、抢救伤员。国民党军出动陆军和空军，采取从地面和空中联合进攻的方式，重兵轮番冲锋，妄图攻占风门岭。解放军一连指战员在连长朱国胜的带领下，奋起还击，打退了国民党军一次又一次的冲锋。

在风门岭阻击战中，国民党军向风门岭发射炮弹数千发，飞机投弹 600 余枚，炮火将风门岭削低 1 米。解放军连续打退国民党轮番进攻 13 次，击溃国民党军 3 个步兵团、1 个山炮连、3 个迫击炮连、5 门火箭炮、6 架飞机的疯狂进攻。风门岭阻击战共击毙国民党军 500 余人，击伤 1300 余人，击伤飞机 1 架。连长朱国胜等 200 余名官兵在血战中壮烈牺牲，最后只剩下王玉山等 13 名勇士仍坚守阵地岿然不动。风门岭战役成功阻击了国民党守军的反包围，为解放军渡海作战的主力部队争取了关键时间。21 日下午，解放军四十军主力赶赴黄竹、美亭、白莲和四十三军共同战斗，全歼黄竹、美亭国民党守军，接着打垮了国民党六十二军和三十二军主力，美亭地区国民党军全线崩溃，向海口逃窜。战后，解放军四十三军授予三八一团一连“渡海英雄连”光荣称号。

1950 年老城解放

1950 年 3 月 26 日 19 时，在人民解放军第一一八师政治部主任刘振华、琼崖纵队副司令员马白山率领下，第四十军第二批渡江作战部队由第一一八师第三五二团第二、第三营，第三五三团第二营共 2900 余人组成，他们乘坐 81 只船从雷州半岛的灯楼角起渡，航程约 16 海里，预定在临高县的临高角及其以东宽 20 千米的海岸正面登陆。27 日 5 时，各船队陆续抵达澄迈玉包港海面，驶抵原预定登陆地点临高角，仍需 2 ~ 3 小时。为避免在海上与国民党军飞机、军舰恶战，造成伤亡，在马白山的建议下，刘振华命令各船队就近强行登陆，并于 27 日 8 时在林诗港至玉包港宽 20 余千米的正面地段分散登陆。解放军在雷公岛战斗以及福山突击战取得胜利后，又于 1950 年 4 月 20 日攻占风门岭。风门岭战役取得胜利后，1950 年 4 月 23 日琼北重镇老城解放。

1988 年老城经济开发区创建

1988 年 5 月，国务院批准创建澄迈老城经济开发区，在时间上与海南建省办大特区同步。老城经济开发区是海南省第一个县级经济开发区，属海口市城市总体规划三大组团之一的马村工业组团，是《海南省城镇体系规划》确定的琼岛北部综合工业区的重要组成部分。2006 年 3 月，老城经济开发区通过国家发改委审核公告升格为省级开发区。开发区远景规划范围 300 平方千米，中心城区规划面积 117 平方千米。截至 2018 年年底，入驻老城开发区的企业有 3339 家。老城经济开发区经济支撑了整个澄迈县经济的半壁江山，成为澄迈县域经济发展的龙头，也成为海南经济发展的新亮点。

2002 年老城、白莲、马村三镇合并

老城原为古圩市，是澄迈县千年县治的城邑，是老城镇政府、老城社区居委会驻地。2002 年 7 月 15 日，海南省人民政府《关于同意调整澄迈县乡镇行政区划的批复》批准同意将澄迈县原有的老城镇、马村镇、白莲镇三镇合并，设立老城镇，镇政府驻原老城镇。区划调整后，老城镇行政区域面积 259.99 平方千米，2018 年有人口 69190 人，辖 15 个行政村和 3 个社区。原有的老城镇是千年县邑，具有文化、经济优势，是澄迈县的重要工业生产基地；马村镇是澄迈县重点开发建设的城市化地区之一；白莲镇自古

是澄迈县的商业、农业重镇。合并后的老城镇有机整合和充分发挥了原有三镇的优势，使这一地区的经济社会加快发展，迈开了新的步伐。

2012 年第二届人口老龄化长寿化国际研讨会在老城镇召开

2012 年 9 月 5 日，第二届人口老龄化长寿化国际研讨会在澄迈县老城经济开发区开幕，国务院副总理、全国老龄委主任回良玉及民政部分别发来贺信，全国人大常委会原副委员长蒋正华等出席会议并致辞。第二届人口老龄化长寿化国际研讨会由东北亚经济论坛、海南省人民政府、中国社会经济系统分析研究会主办，研讨会吸引了联合国、欧盟官员，日本、韩国、美国、俄罗斯等国前政要，荷兰、英国等国的专家学者，及中国有关政府部门、科研单位和社会组织的代表嘉宾约 90 人参会。在为期三天的会议中，与会者围绕“人口老龄化长寿化的发展趋势区域”“人口长寿问题的研究”“中国长寿之乡工作情况”等议题进行发言和讨论。大会还讨论了在澄迈设立国际人口老龄化长寿化专家委员会、通过《区域人口长寿化——海南澄迈宣言》等内容。在这次会上，一致同意向澄迈县颁发“世界长寿之乡”证书。2012 年 11 月 22 日，澄迈县荣获“世界长寿之乡”称号授牌仪式在北京举行。

2013年中国旅游小姐全球总决赛启动仪式在老城镇举行

2013年6月8日，由香港卫视国际传媒集团、中国国际文化传播集团联合主办，海南澄迈老城经济开发区、澄迈老城旅游公司联合承办的“2012—2013年度中国旅游小姐全球总决赛”在老城经济开发区九龙温泉度假酒店隆重举行。此次全球总决赛有41名选手参赛，选手来自中国的12个赛区及美国、俄罗斯、乌克兰、英国、法国、巴西、波兰等海外赛区。全球总决赛期间，中国旅游小姐走进澄迈各大景区进行采风，同时开展一系列主题活动，包括“走进世界长寿之乡”“向长寿老人学养生”“游艇沙滩比基尼”等大型活动。“发现九龙之美”摄影大赛等是以“旅游、和谐、美丽、时尚”为主题的国际大型比赛。此次比赛充分体现中国旅游小姐总决赛活动“美女看美景、美女说美景、美女秀美景”的特色。新华网、新浪网、腾讯网、海南网等各大媒体对大赛进行了跟踪报道。

主要参考文献

〔明〕唐胄纂修：正德《琼台志》（重印版），海南出版社，2006 年。

〔清〕高魁标纂修：康熙《澄迈县志》，清康熙四十九年（1710）。

〔清〕谢济韶、黄凤诏纂修：嘉庆《澄迈县志》，清嘉庆二十五年（1820）。

〔清〕龙朝翊、王之襄、陈所能纂修：光绪《澄迈县志》，清光绪三十四年（1908）。

澄迈县史志编纂委员会编:《澄迈县志》，海南出版社，2006 年。

澄迈县老城镇志编纂办公室编:《老城镇志》，海南出版社，2016 年。

冯仁鸿编:《冼夫人与冯氏海南第一家》，银河出版社（香港），2006 年。

冯所海编:《冯氏大宗祠》，银河出版社（香港），2008 年。

冯所海、冯健英编:《百说冼夫人》，南方出版社，2018 年。

朱逸辉主编:《宋·白玉蟾全集校注本》，海南出版社，2004 年。

梁统兴编:《琼史百问》，南方出版社，2016 年。

澄迈县老城旅游文化促进会编:《星辰曾经灿烂——画说澄迈古县治老城》，五洲传播出版社，2013 年。

马村志编纂委员会编:《马村志》，海南出版社，2002 年。

文大村志编纂委员会编:《文大村志》，海南出版社，2009 年。

编纂始末

《中国名镇志丛书·老城镇志》是在2016年出版的《老城镇志》的基础上精缩、补充、调整、改编而成的。

2016年3月25日，海南省方志办举办名镇志编纂业务培训班时，老城镇民间自筹资金编纂的传统版《老城镇志》刚进入统稿编修阶段，为尽快投入名镇志的编纂工作，2016年12月,《老城镇志》的编纂出版工作完成后，2017年3月，开始《中国名镇志丛书·老城镇志》的编纂工作。

镇委、镇政府对名镇志的编纂高度重视，成立了海南省澄迈县老城镇志编纂委员会和编辑部，由镇委书记、镇长分别担任编纂委员会的主任和副主任。编辑部以2016年出版的《老城镇志》为基础，制订编纂实施计划，并列出详细的编写大纲和收集资料细目，通过五次不同人员的座谈会，初定纲目，主编经过4个多月的努力，完成了初稿。经过几次开座谈会征求意见和县志办组织专家评审后，2017年9月完成第一次送审稿。

名镇志就应当从更高更广的视野下突出老城的名、特之处。编者将凸显老城镇的“名”和“特”作为修改的原则，对第一次送审的书稿进行重新调整，对篇幅进行大刀阔斧的精缩。

编纂人员集思广益，分工合作，逐一查证，反复核实，去粗取精，去伪存真，经过两年多的辛勤编修，再将书稿拟就。经中国地方志指导小组、海南省方志办、方志出版社、县史志办的领导、专家审阅，层层把关，反反复复修改后，顺利通过终审。

编写《中国名镇志丛书·老城镇志》是当代老城人民文化生活的一件大事，是传承名镇文脉、抢救和保存名镇历史资料的文化工程，是我们留给后代的一份厚礼，为完成这项光荣而艰难的任务，编委会及编辑部成员虽然历尽艰辛，但无怨无悔。

该志的编纂出版，得到中国地方志指导小组，海南省方志办，方志出版社，澄迈县委、县政府，老城镇委、镇政府，澄迈县史志办的大力支持和帮助，得到广州市志办原副主任陈泽泓、广东海南联谊会秘书长吴烈修的指导帮助，得到海南老城经济开发区和县、镇有关部门的大力协助和配合，在此一并致谢。

由于我们水平有限，参考资料和借鉴经验较少，并且编纂过程准备相对仓促，故难免疏误遗漏，恳请读者给予批评指正。

编者

2019 年 8 月

老城美宁红树林